停车寻泊行为及动态调节策略

秦焕美 严 海 韩 艳 著

中国建筑工业出版社

图书在版编目（CIP）数据

停车寻泊行为及动态调节策略 / 秦焕美，严海，韩艳著. – 北京：中国建筑工业出版社，2025. 7.

ISBN 978-7-112-31475-1

Ⅰ. U491. 7

中国国家版本馆 CIP 数据核字第 2025GJ2915 号

停车是城市交通系统中的一个重要组成部分，由于城市经济的快速发展，机动车数量的快速增加，车辆寻泊和乱停车等现象日益突出。分析停车寻泊行为特征，掌握停车寻泊过程规律，探索停车改善策略，对于科学解决停车问题和提升出行效率具有十分重要的作用。

本书主要从停车过程和出行者心理的视角，挖掘停车寻泊行为特征和过程规律，同时考虑需求的动态变化，探索浮动式停车收费价格和停车推荐策略的实施效果，并给出应用建议，取得了一些研究成果。其中，停车寻泊行为研究内容包括：停车寻泊和选择模型、停车寻泊过程及心理决策研究、停车寻泊轨迹聚类和识别。浮动式停车收费价格策略研究内容包括：浮动式停车收费价格应用实例分析、基于多智能体的停车模拟平台搭建、浮动式停车收费价格方案实施效果评价。动态停车推荐策略研究内容包括：考虑出行者关注度和心理阈值的停车推荐模型、不同情景下的停车推荐方案运行效果分析。

本书可以作为大、中专院校交通运输工程专业师生进行教学和科学研究的参考书目，也可为从事交通规划和停车行为研究的企事业单位工作人员提供参考。

责任编辑：李玲洁

责任校对：张　颖

停车寻泊行为及动态调节策略

秦焕美　严　海　韩　艳　著

*

中国建筑工业出版社出版、发行（北京海淀三里河路 9 号）

各地新华书店、建筑书店经销

北京红光制版公司制版

建工社（河北）印刷有限公司印刷

*

开本：787 毫米×1092 毫米　1/16　印张：10¼　字数：253 千字

2025 年 8 月第一版　2025 年 8 月第一次印刷

定价：**50. 00** 元

ISBN 978-7-112-31475-1

（45330）

前　　言

随着我国城市化进程的加快和小汽车数量的快速增加，停车供需矛盾日益突出，车辆寻泊不仅会增加行驶里程和出行时间、降低交通效率和道路通行能力，也会增加能源消耗和碳排放，加重大气污染。

停车寻泊是一个过程性的行为，会受到多种因素的影响，如停车泊位占用情况、停车后步行距离及停车收费价格等。同时，还会受到心理因素的影响，从而呈现不同的寻泊行为特征和寻泊过程变化规律。因此，需要从过程和心理角度出发，通过深入的研究，揭示停车寻泊行为规律，并对其进行识别和聚类，进而为停车政策的制定提供决策支持。

停车收费是调节停车需求时空分布的有效方式，而浮动式停车收费价格策略可以根据停车需求的时空变化动态调整停车收费价格，使停车设施占有率保持在理想的水平上，促进停车资源的有效利用，缓解停车问题。作为一种创新的交通需求管理方法，浮动式停车收费价格策略尚未在国内城市使用。因此，有必要基于国内出行者的停车行为特征进行探索性研究。

智能停车服务通过融合无线通信技术、移动终端技术、GPS定位技术等为出行者提供实时停车泊位信息，可以推荐并预订停车场，有助于出行者更快、更容易地找到停车位，减少停车寻泊及对道路交通的影响。因此，如何满足出行者的停车选择偏好，综合各方的利益，提供动态的停车推荐信息、均衡停车设施利用十分重要。

本书根据近年来的停车行为研究整理而成，第一篇关注停车寻泊行为研究，基于停车寻泊行为和寻泊轨迹调查，分析寻泊行为特征；建立路内停车选择模型，挖掘个人信息、心理因素和停车相关因素对停车寻泊行为的影响；对停车寻泊过程进行聚类分析和预测识别。第二篇关注基于需求的浮动式停车收费价格策略研究，通过停车收费价格接受意愿和意向调查，搭建基于多智能体的停车模拟平台，对不同浮动式停车收费价格方案在不同情景下的运行效果进行综合评估。第三篇关注动态停车推荐策略研究，基于序列停车决策行为调查，构建考虑出行者关注度和心理阈值的停车推荐模型。结合出行者和管理者的利益，设计不同的停车推荐方案，通过分析评价得出最优的动态停车推荐策略和应用建议。研究结论可为停车寻泊规律的挖掘提供参考，也可以为动态停车收费价格策略的制定、智能停车服务系统的设计和应用提供支持，从而减少停车寻泊，提高出行效率，促进停车资源的均衡利用。

停车行为研究是停车政策制定的重要依据，通过揭示出行者的停车行为和决策过程规律，探索动态停车调节策略的运行效果和适用条件，从而为缓解停车问题提供必要的理论依据和决策支持。本书仅是这个领域研究的一部分内容，还有很多探索空间，供各位学者和科研工作者讨论，希望引起行业内的更多关注。

本书在撰写过程中，参考了很多著作、论文等资料，得到了北京工业大学关宏志教授的指导和帮助，参与本书撰写的主要成员有：杨修涵、庞千千、成美娜、韩晓菁（第一篇），郑飞、曹凯（第二篇），许宁、于滨海、张永欢、温晓欢（第三篇），以及卢兆麟、孙梦丽等研究生，也得到了北京工业大学研究生创新教育系列教材立项的资助，以及国家自然科学基金项目（U24A20198）的支持，在此一并表示感谢。由于编者水平有限，错漏在所难免，恭请各位读者批评指正。

目　　录

第三篇　动态停车推荐策略研究

第一篇

停车寻泊行为研究

第 1 章　停车寻泊行为研究背景

1.1　背景

随着城市经济的快速发展，城市化进程逐步加快，不论是在城市常住人口达到千万级别的北京、上海等特大城市，还是常住人口在百万级别的南宁、福州等省会城市，机动车保有量不断增加，城市停车需求也相应急剧增长，而停车泊位供给不足、停车位设置不合理等带来了车辆停放难、违章停车等问题（图 1-1）。为解决城市停车问题，近年来政府也提出了一些改进措施，从管理、规划角度缓解停车难问题，如削减不合理的路内停车泊位、设置电子停车收费系统、制定差别化收费标准等。

图 1-1　道路停车情况图

路内停车作为城市停车系统中的一个重要组成部分，是指设置于城市道路红线之内的停车设施，也称为道路停车，主要为出行者提供短时停车服务，起周转作用。一方面，路内停车会影响机动车、非机动车等正常的交通运行；另一方面，停车位的短缺也会增加停车寻泊现象。根据相关学者在全球范围内 11 个城市的中央商务区展开的停车研究显示，车流中约有 30% 的车辆为寻泊车辆，为寻找路内停车泊位，平均寻泊时间约为 8min[1]。车辆寻泊会带来减速、绕行等现象，不仅会增加出行者的出行时间、降低交通效率和道路通行能力、带来道路交通拥堵问题，还会增加能源消耗和碳排放，加重大气污染。

出行者到达目的地附近停车的过程不仅包括车辆停放，还可能有寻泊等动态决策过程，并受到多种因素的影响，包括停车泊位占用情况、停车后步行距离及停车收费价格等。现有研究较少从过程角度出发，关注停车寻泊行为特征和寻泊过程的动态变化规律。因此，本研究基于大量的停车寻泊行为和寻泊轨迹调查，分析寻泊行为特征和规律，建立路内停车位置选择模型，分析个人信息、心理因素和停车相关因素对停车寻泊行为的影响，对停车寻泊过程进行聚类分析和预测。研究结论可为掌握路内停车行为规律和政策制定提供参考，从而优化停车设施布局，减少停车寻泊现象，提高出行效率。

1.2 国内外研究现状

针对路内停车寻泊现象，国内外学者在停车寻泊行为、停车位置选择、停车寻泊轨迹分析等方面展开了一些研究，以下进行详细论述。

1.2.1 停车寻泊行为研究

近年来，在停车寻泊行为特征分析方面，刘婧等为探索大城市中心区域的停车寻泊行为，选取北京市多个停车设施展开调查，建立多项 Logit 模型分析停车寻泊时间与影响因素之间的关系，研究结果表明，出行者的寻泊时间与停车泊位占有率有关，当停车泊位占有率较高时，出行者更倾向于一看到车位就停车，寻泊时间较短[2]。张辉和陈骏对南京城市中心区几个典型的路内停车设施进行了数据采集，分析了路内停车行为特征，结果表明，路内停车时间分布不均，停车行为具有短期性和临时性等特征[3]。

在停车寻泊行为及其影响研究方面，Shoup 研究了路内停车与路外停车选择行为，研究结果表明，当路内停车收费价格高于或等于路外停车收费价格时，会减少停车寻泊现象[4]。Du 等建立了具有平衡约束的数学模型，分析工作地停车寻泊行为，结果表明，停车寻泊可以增加行驶里程和道路交通流量[5]。Pierce 和 Shoup 的研究显示，路内停车收费价格过低会增加车辆寻泊现象，从而增加出行时间和燃油消耗，带来交通拥堵等问题[6]。Gallo 等提出了多层交通分配模型来分析停车选择行为，评估了停车寻泊对交通运行的影响。通过在试验网络和实际网络上的测试结果表明，停车寻泊行为会增加车辆行驶里程和时间[7]。Van Ommeren 等通过分析荷兰全国范围内的小汽车出行数据，通过固定效应线性回归模型分析了停车寻泊行为及影响因素。研究发现，高收入出行者的寻泊时间更短，购物和休闲活动出行的停车寻泊时间较高，通过改变停车收费价格或提供停车位利用信息可以减少停车寻泊时间[8]。Van Ommeren 和 Russo 发现，当路内停车收费价格与路外停车收费价格相同时，平均停车寻泊时间为 36s。同时，随着出行时间和停车时间的增加，寻找停车位的时间也会增加[9]。Hampshire 等利用视频数据研究了小汽车出行者的停车寻泊行为，包括停车寻泊开始时间、寻泊距离和寻泊时间。结果显示，70% 的寻泊距离是由 30% 的出行者寻泊所产生的，研究结论可以用于估计停车寻泊车辆的数量及其产生的污染量[10]。Liu 和 Geroliminis 采用交通网络动态集计模型模拟停车寻泊行为，发现停车寻泊会使出行距离增长、路网流量减少[11]。

1.2.2 停车位置选择研究

对于停车位置选择方面的研究，王浩等利用二项 Logit 模型，建立小汽车出行者停车位置选择模型，包括路内停车位和居住区的共享车位，结果表明，停车时长、两类停车设施的收费价格差异是影响停车位置选择的重要因素[12]。丁浣在北京市海淀区中关村西区采用实地问卷调查的方法收集路内停车数据，研究发现，停车收费、停车后步行时间、违章停车执法力度、出行目的以及出行者自身属性等是影响路内停车选择行为的因素[13]。

Khaliq 等采用混合 Logit 选择模型对路内停车行为进行了研究，结果表明，停车费和停车时长等因素对路内停车位置选择具有重要的影响[14]。Mei 等基于出行者的行驶时间、停车寻泊时间以及停车收费价格，构建了选择效用函数。通过建立停车选择 Probit 模型，重点分析了停车收费价格对停车选择的影响[15]。Li 等采用离散选择模型研究了城市郊区居民的停车选择行为。研究发现，停车费、寻泊时间和步行到家的距离对停车位置选择有负向影响[16]。Ye 等构建了多项 Logit 模型，分析出行者的停车选择与影响因素之间的关系。结果表明，停车成本、出行成本和停车时间是决定出行者停车行为的主要因素[17]。Zong 等利用北京的停车数据，建立了结构方程模型，分析停车选择行为。研究表明，停车费的增加将减少停车时长，车内乘客数量越多，选择路内停车的概率越高[18]。

Axhausen 和 Polak 采用意向调查方法，利用非集计模型理论，建立了停车选择模型，分析了出行者在面对不同类型停车设施时的选择偏好。结果表明，停车目的的不同对停车选择行为产生了显著的影响，工作出行者更关注停车费用和步行时间，而购物出行者更倾向于选择步行距离较近的停车位置[19]。Hunt 和 Teply 采用行为调查方法，收集了加拿大埃德蒙顿市中心区域通勤者的工作日车辆停放行为数据。通过建立分层 Logit 模型得到，停车行为具有明显的层次性，停车者在选择停车位置时，首先会在路内停车、路外停车和雇主提供的停车设施这三种类型中进行选择，随后在选定类型中进一步选择具体的停车位置[20]。Ma 等以北京雍和宫周边停车设施为例，对旅游区域的停车行为进行了调查研究，建立了多项 Logit 模型，揭示了停车位置选择与影响因素之间的关系。结果表明，在旅游区域内，停车后步行距离对出行者的停车位置选择影响较大，而停车收费价格的影响较小[21]。Golias 等为了探究小汽车出行者选择路内停车和路外停车的影响因素，采用问卷调查的方式收集数据，建立了 Logit 模型。结果显示，停车收费价格是影响停车位置选择的重要因素，停车寻泊时间、停车时长以及停车后步行时间也会影响出行者的停车选择[22]。

1.2.3　停车寻泊轨迹研究

车辆轨迹分析可以呈现车辆的动态过程，是一种过程分析方法，在基于车辆行驶轨迹的出行分析方面，Kim 和 Mahmassani 提出了一种基于密度的出行轨迹聚类方法，采用车辆轨迹研究交通出行模式的时空特征和行程时间可靠性[23]。Hong 等和 Han 等基于探测车获得的车辆轨迹数据，提出了一种基于车辆轨迹聚类的共乘匹配算法，通过跟踪个人出行的路径选择和出行模式偏好，确定通勤者的拼车共乘路线[24,25]。Wang 等基于出租车和合乘车辆的轨迹数据，从需求侧角度运用模型来分析出行者的时空分布特征和影响因素，从供给侧分析出租车和合乘车辆的寻找乘客和路径选择行为[26]。Ghosh 等基于大量的出租车轨迹数据，建立时空分析动态网络，提出了分析和预测城市不同功能区域的出行需求变化的方法 MARIO，并通过 Google 云平台和实际 GPS 轨迹数据对该方法进行了有效性的验证[27]。

在基于车辆行驶轨迹的交通检测和评估方面，Wang 等基于路口的车辆行驶轨迹提出了一种新算法，可以自动检测道路交叉口车道设置和行驶规则等情况[28]。Fan 等基于 Apache Spark 的地理计算模型，使用 GPS 车辆行驶轨迹数据估计车辆行驶里程，以马里兰州的数据为例进行了应用验证[29]。Kan 等基于出租车 GPS 轨迹数据提出了一种低成本的交通拥堵检测方法，分析了交叉口各个转向的拥堵强度、拥堵时间和排队长度[30]。

在车辆轨迹聚类分析方面，Liao 等人利用福建的车辆运行轨迹数据，基于谱聚类方法，将道路网络与大量轨迹数据导出的交通语境语义信息进行聚类，结果显示，该方法能够识别复杂道路网络属性、交通量大小、高峰时段流量等特征[31]。袁和金等提出了基于隐马尔科夫模型的轨迹聚类算法。将车辆运行轨迹拟合为隐马尔科夫模型，采用主成分分析法对距离矩阵进行降维和轨迹聚类，结果显示，该方法能够有效地提取轨迹的分布模式，并识别出不同轨迹类别之间的差异，实现了对未知轨迹的异常检测和行为预测[32]。潘立等提出一种基于隐马尔科夫模型的轨迹聚类方法，采用车辆GPS轨迹数据进行验证，结果表明，该方法能够有效识别交通量过载区域，准确挖掘移动对象的运动模式，为解决城市交通拥堵问题提供了一种有效的分析手段[33]。

1.3　小结

本章论述了停车寻泊行为的研究背景，从停车寻泊行为、停车位置选择和停车寻泊轨迹分析几个方面进行了文献综述，研究表明，停车寻泊会对道路交通运行、污染排放等产生一定的影响。同时，停车寻泊行为受到多种因素的影响，比如停车收费价格、停车时间、停车泊位占有率等，但对于小汽车出行者在停车寻泊过程中决策行为的研究比较少，尤其是对心理因素与停车寻泊之间的影响关系的分析不足。此外，基于车辆轨迹数据分析可以识别异常出行行为，但对于车辆寻泊过程轨迹以及特征挖掘的相关研究也相对较少。因此，本研究从停车过程和出行者心理的视角出发对停车寻泊行为进行深入分析，研究结论将有助于分析停车需求及空间分布特征，挖掘停车寻泊行为决策机理，为交通政策的制定提供依据。

本章参考文献

[1] Sui X, Ye X, Wang T, et al. Microscopic simulating the impact of cruising for parking on traffic efficiency and emission with parking-and-visit test data[J]. International Journal of Environmental Research and Public Health, 2022, 19(15): 9127.

[2] 刘婧, 关宏志, 贺玉龙, 等. 大城市中心区停车寻位研究[J]. 公路交通科技, 2016, 33(1): 135-139.

[3] 张辉, 陈峻. 城市中心区路内停车调查分析——以南京为例[J]. 道路交通与安全, 2007(2): 45-48.

[4] Shoup D C. Cruising for parking[J]. Transport policy, 2006, 13(6): 479-486.

[5] Du Y, Yu S, Meng Q, et al. Allocation of street parking facilities in a capacitated network with equilibrium constraints on drivers' traveling and cruising for parking [J]. Transportation Research Part C: Emerging Technologies, 2019, 101: 181-207.

[6] Pierce G, Shoup D. Getting the prices right: an evaluation of pricing parking by demand in San Francisco[J]. Journal of the American Planning Association, 2013, 79 (1): 67-81.

[7] Gallo M, D'Acierno L, Montella B. A multilayer model to simulate cruising for parking in urbanareas[J]. Transport Policy, 2011, 18(5): 735-744.

［8］ Van Ommeren J N，Wentink D，Rietveld P. Empirical evidence on cruising for parking［J］. Transportation Research Part A：Policy and Practice，2012，46（1）：123-130.

［9］ Van Ommeren J，Russo G. Time-varying parking prices［J］. Economics of Transportation，2014，3(2)：166-174.

［10］ Hampshire R C，Jordon D，Akinbola O，et al. Analysis of parking search behavior with video from naturalistic driving［J］. Transportation Research Record，2016，2543(1)：152-158.

［11］ Liu W，Geroliminis N. Modeling the morning commute for urban networks with cruising-for-parking：An MFD approach［J］. Transportation Research Part B：Methodological，2016，93：470-494.

［12］ 王浩，胡江涛，晏秋. 基于 Logit 模型的居住区共享泊位选择行为分析［J］. 交通科技与经济，2016，18(6)：27-30.

［13］ 丁浣. 路内停车选择行为特性分析和建模［D］. 北京：北京理工大学，2016.

［14］ Khaliq A，van der Waerden P，Janssens D，et al. A conceptual framework for forecasting car driver's on-street parking decisions［J］. Transportation Research Procedia，2019，37：131-138.

［15］ Mei Z，Xiang Y，Chen J，et al. Optimizing model of curb parking pricing based on parking choice behavior［J］. Journal of Transportation Systems Engineering and Information Technology，2010，10(1)：99-104.

［16］ Li X，Xie B，Wang X，et al. Parking choice behavior of urban village residents considering parking risk：An integrated modeling approach［J］. Case Studies on Transport Policy，2024，15：101145.

［17］ Ye X，Sui X，Wang T，et al. Research on parking choice behavior of shared autonomous vehicle services by measuring users' intention of usage［J］. Transportation Research Part F：Traffic Psychology and Behaviour，2022，88：81-98.

［18］ Zong F，Yu P，Tang J，et al. Understanding parking decisions with structural equation modeling［J］. Physica A：Statistical Mechanics and its Applications，2019，523：408-417.

［19］ Axhausen K W，Polak J W. Choice of parking：Stated preference approach［J］. Transportation，1991，18：59-81.

［20］ Hunt J D，Teply S. A nested logit model of parking location choice［J］. Transportation Research Part B：Methodological，1993，27(4)：253-265.

［21］ Ma X，Sun X，He Y，et al. Parking choice behavior investigation：A case study at Beijing Lama Temple［J］. Procedia-Social and Behavioral Sciences，2013，96：2635-2642.

［22］ Golias J，Yannis G，Harvatis M. Off-street parking choice sensitivity［J］. Transportation Planning and Technology，2002，25(4)：333-348.

［23］ Kim J，Mahmassani H S. Spatial and temporal characterization of travel patterns in a traffic network using vehicle trajectories[J]. Transportation Research Procedia, 2015, 9: 164-184.

[24] Hong Z, Chen Y, Mahmassani H S, et al. Commuter ride-sharing using topology-based vehicle trajectory clustering: Methodology, application and impact evaluation [J]. Transportation Research Part C: Emerging Technologies, 2017, 85: 573-590.

[25] Han B, Liu L, Omiecinski E. Neat: Road network aware trajectory clustering [C]//2012 IEEE 32nd International Conference on Distributed Computing Systems. IEEE, 2012: 142-151.

[26] Wang S, Li L, Ma W, et al. Trajectory analysis for on-demand services: A survey focusing on spatial-temporal demand and supply patterns[J]. Transportation Research Part C: Emerging Technologies, 2019, 108: 74-99.

[27] Ghosh S, Ghosh S K, Buyya R. MARIO: A spatio-temporal data mining framework on Google Cloud to explore mobility dynamics from taxi trajectories[J]. Journal of Network and Computer Applications, 2020, 164: 102692.

[28] Wang J, Rui X, Song X, et al. A novel approach for generating routable road maps from vehicle GPS traces[J]. International Journal of Geographical Information Science, 2015, 29(1): 69-91.

[29] Fan J, Fu C, Stewart K, et al. Using big GPS trajectory data analytics for vehicle miles traveled estimation[J]. Transportation research part C: Emerging Technologies, 2019, 103: 298-307.

[30] Kan Z, Tang L, Kwan M P, et al. Traffic congestion analysis at the turn level using Taxis' GPS trajectory data[J]. Computers, Environment and Urban Systems, 2019, 74: 229-243.

[31] Liao L, Jiang X, Zou F, et al. A spectral clustering method for big trajectory data mining with latent semantic correlation[J]. Chin. J. Electron, 2015, 43(5): 956-964.

[32] 袁和金, 吴静芳, 贾建军. 一种基于HMM聚类的视频目标轨迹分析方法[J]. 华北电力大学学报(自然科学版), 2010, 37(6): 90-94.

[33] 潘立, 邓佳, 王永利. HMM-Cluster: 面向交通量过载发现的轨迹聚类方法[J]. 计算机工程与应用, 2018(1): 77-85.

第 2 章　停车寻泊行为及轨迹调查与分析

2.1　停车寻泊行为调查与分析

2.1.1　调查地点概述

城市商业区通常会吸引大量人流和车流，带来停车和交通拥堵问题。这里选择北京市中央商务区（CBD）附近的优士阁购物中心（以下简称"购物中心"）作为停车调查地点，购物中心建筑面积为 90924m²，位于二环路与三环路之间的广渠门外大街南侧，如图 2-1 所示，广渠门外大街主路为双向 10 车道，辅路宽度为 5m，设有 1 条机动车道以及非机动车道，机动车和非机动车存在相互干扰现象，主路和辅路间有分隔带。

图 2-1　优士阁购物中心位置图

从购物中心至上游道路交叉口距离约 300m，沿购物中心侧道路辅路设有 38 个路内停车位。在购物中心以西 50m 处有一个路外停车场。根据实地调查，该路外停车场在白天的停车泊位占有率为 80%～90%。购物中心周边交通和停车情况如图 2-2 所示。

购物中心附近路内停车和路外停车收费情况见表 2-1，路内停车在白天（7：00～21：00）的首小时停车收费价格为 2.5 元/15min，之后每 15min 增至 3.75 元，晚上（21：00～7：00）的停车收费价格为 1 元/2h。路外停车在白天的停车收费价格为 2 元/15min，晚上的停车收费价格（21：00～7：00）为 1 元/2h。停车收费采用人工收费方式，每位收费员负责大约 15～20 个停车位。

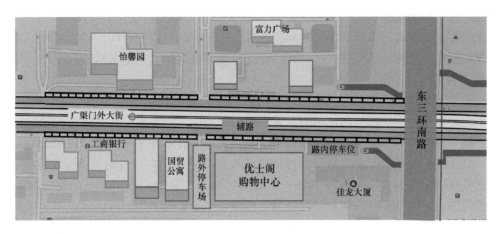

图 2-2　购物中心周边交通和停车情况

路内停车和路外停车收费价格　　　　　　　　　　　　表 2-1

停车类型	白天（7：00～21：00）		晚上（21：00～7：00）
	首小时	首小时后	
路内停车	2.5 元/15min	3.75 元/15min	1 元/2h
路外停车	2 元/15min		1 元/2h

以购物中心为目的地的小汽车出行者可以选择路内停车或路外停车，如果出行者到达购物中心门前发现没有车位可停，则必须行驶到前方继续寻找其他停车位或绕行回来寻泊。购物中心停车需求较高，附近停车问题较为突出，从图 2-3 可以看出，购物中心门前路内停车泊位占有率较高，违章停车现象较多，影响道路交通的正常运行。

图 2-3　购物中心门前停车状况

2.1.2　停车寻泊行为调查

为了分析停车寻泊行为及其影响因素，调查采用行为调查（Revealed Preference，RP）和意向调查（Stated Preference，SP）相结合的方法。

调查内容包括三部分：

（1）个人信息

主要包括性别、年龄、职业、月收入等。

（2）停车行为信息

主要包括出行者对该调查区域的熟悉程度、停车目的、停车时间、寻泊时间、首选停车位置、开始寻找车位的位置、选择当前停车位置考虑的因素、停车后步行距离、停车费支付方式和车内人数等。

（3）停车位置选择意向

小汽车出行者在到达目的地附近的停车寻泊过程中，需要根据不同停车位置与目的地间的距离、停车泊位空余情况等做出停车选择决策。假设小汽车出行者的目的地均为购物中心，基于调查时停车者本次出行的停车目的和停车时间，在距目的地一定的距离位置，即由远及近依次为距购物中心为200m、100m、50m、门前时，根据提供的在出行者可观测视野范围内路内停车泊位利用情况信息，即泊位空余情况，询问被访者在4个位置处的停车选择意向，即出行者根据每个决策位置的信息做出是否停车的选择，整个过程可以看作是一个序列决策过程，图2-4（a）给出了距目的地200m处的假设停车情景图。

每个决策位置会通过两种方式呈现行驶过程中的停车泊位空余情况，即两种情景设计方案，情景1是沿路段路内停车泊位利用情况示意图，如图2-4（b）所示。情景2是实地

1假如您初始停车位置选择为路侧，当您行驶到距离优士阁200m时

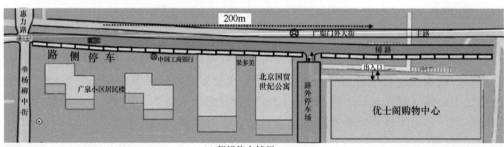

(a) 假设停车情景

请您根据如下路侧泊位情况作出选择：A路内停车；B继续前行

(b) 情景1：沿路段路内停车泊位占有率示意图

(c) 情景2：沿路段路内停车情况实景图

图2-4 距目的地200m处的假设情景和泊位占有率情况

拍摄的沿路段路内停车情况实景图，如图2-4（c）所示，两种情景下呈现的停车泊位空余数量基本相同。4个决策位置的停车泊位占有率设置一定的变化水平，总体上看，与目的地距离越近，停车泊位占有率水平越高。假设距离购物中心200m处的停车泊位占有率为60％，而购物中心门前停车泊位占有率为100％。距离购物中心100m处的停车泊位占有率有两个假设水平，分别为70％和40％。距离购物中心50m处的停车泊位占有率也有两个水平，分别为80％和85％。将100m和50m处停车泊位占有率的不同水平进行组合，可以得到4个意向选择方案。每个被访者完成一个意向选择方案下的序列停车选择问题，当小汽车出行者在某个决策位置选择停车时，即停止作答后面决策位置的停车意向问题。

　　对于不同决策位置的停车选项也有所不同，在距目的地200m和100m处的停车选项包括选择"路内停车"和"继续前行"。50m处的停车选择考虑到有路外停车场，所以，停车选项包括"路内停车""路外停车"和"继续前行"。在购物中心门前的停车选项考虑了停车泊位已满情况下的选择，选项包括"更换目的地""绕行回来继续寻泊""前方地下停车场""违章停车"4个选项。小汽车出行者在寻泊过程中，不同位置的序列停车决策过程如图2-5所示。

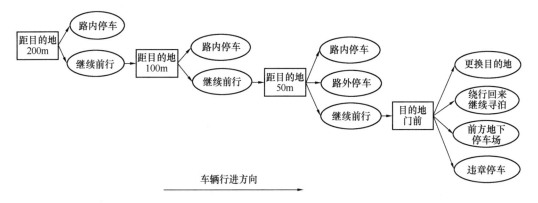

图2-5　不同位置的序列停车决策过程

　　调查采用现场问卷调查法进行数据的收集，即调查员在指定的时间和地点，持调查问卷询问在购物中心附近的停车者，当面填写调查表、当场回收。调查时间为2016年4月～7月的出行高峰时段。调查共收集问卷205份。

2.1.3　停车寻泊行为初步分析

1. 个人信息分析

　　根据调查数据得到，被访者中，男性占83％；年龄主要分布在26～45岁，占64％；职业中以事业单位、科研单位人员居多，占40％，自由工作者、企业管理人员各占23％、24％；个人月收入以5000～10000元者居多，占57％。

2. 停车行为分析

　　如图2-6所示，有27％的被访者非常熟悉调查区域的情况，有44％的人一般熟悉该区域，仅有29％的人不熟悉该区域。如图2-7所示，购物中心属于商业活动区域，内设儿童教育培训机构，因此，停车目的分布中，除了46％的人停车目的为购物和工作外，接送人所占的比例较大，占31％，说明短时停车需求量大。

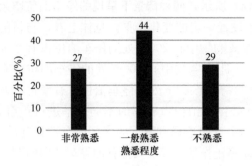

图 2-6 对该区域的熟悉程度分布图

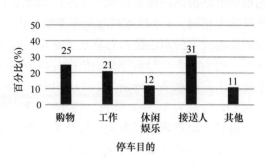

图 2-7 停车目的分布图

如图 2-8 所示，37％的被访者预计停车时间在 30min 之内，64％的被访者预计停车时间在 1h 之内，仅有 8％的人预计停车时间在 3h 以上。所以，出行者的路内停车时间基本在 1h 以内，说明，该调查区域主要是短时停车者。如图 2-9 所示，88％的被访者在路内停车后步行距离小于 100m。

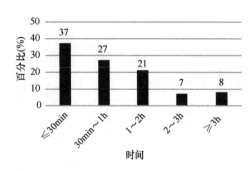

图 2-8 预计停车时间分布图

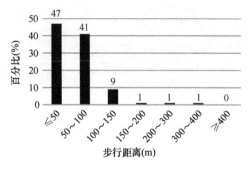

图 2-9 停车后的步行距离分布图

如图 2-10 所示，88％的被访者是自费停车，仅有 10％的人停车费可以报销。图 2-11 显示，38％的被访者能够随到随停，22％的人能在 1min 内找到车位，而 16％的人需要花费 1~2min 找到车位，寻泊时间在 10min 以上的被访者较少，仅占 4％。总体上看，寻泊时间相对较短。

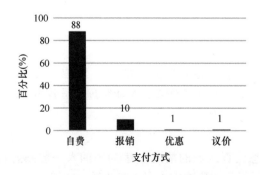

图 2-10 停车费用支付方式分布图

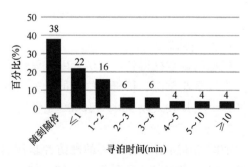

图 2-11 寻泊时间分布图

如图 2-12 所示，92％的被访者首选停车位置是路内停车。根据图 2-13，56％的被访者选择路内停车的最主要原因是方便，其次是因为距离目的地近，占 35％。

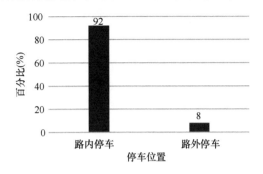

图 2-12　首选停车位置分布图

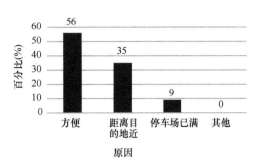

图 2-13　选择路内停车的原因分布图

如图 2-14 显示，在距离目的地 100m 以内开始寻泊的被访者占 70％，在距离目的地 100～150m 范围内开始寻泊的人占 12％，在 150～200m 范围内开始寻泊的占 12％，而距离目的地的 200～300m 范围内开始寻泊的占比较少，为 6％。通过统计数据可知，小汽车出行者的平均寻泊距离为 98m。

如图 2-15 所示，在预计停车时间为 1h 以内的出行者中，有 48％的人是以接送人为停车目的，其次是购物和工作为主要停车目的，其选择比例分别为 17％，明显低于接送人的比例。而对于预计停车时间在 1h 以上的出行者，主要的停车目的是购物和工作，分别占 40％和 29％，还有 23％的人主要是休闲娱乐。如图 2-16 所示，对于预计停车时间在 1h 以内的人，停车后步行距离在 50m 以下、50m 及以上的分别占 52％、48％，比较均衡。而对于预计停车时间在 1h 以上的人，即停车时间较长时，停车后步行距离在 50m 及以上的占 60％，说明停车时间短的出行者更希望停在离目的地较近的地方。

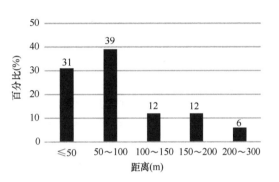

图 2-14　开始寻泊的位置分布图

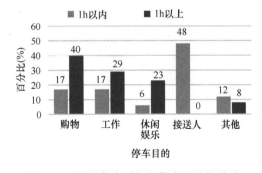

图 2-15　预计停车时间与停车目的的关系

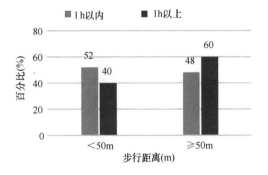

图 2-16　预计停车时间与步行距离的关系

由图 2-17 可以看出，当预计停车时间在 1h 以内时，寻泊时间在 1min 之内的比例明显较高，占 63％，当预计停车时间在 1h 以上时，寻泊时间在 1min 之内的比例为 57％，说明停车时间越短，则寻泊时间也越短。如图 2-18 所示，对预计停车时间在 1h 之内的出行者几乎都选择路内停车，比例高达 97%，而对于停车时长在 1h 以上的出行者，有 17% 的人会选择路外停车。

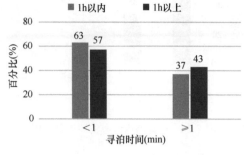
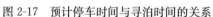
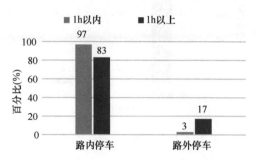

图 2-17　预计停车时间与寻泊时间的关系　　图 2-18　预计停车时间与首选停车位置的关系

3. 寻泊过程中停车位置选择意向分析

图 2-19 显示两个情景方案下，出行者在目的地附近不同决策位置处选择路内停车的比例，总体来看，从距离目的地购物中心由远及近，即从 200m 到 50m，随着停车泊位占有率的逐渐增加，空车位数逐渐减少，在各个位置选择路内停车的比例逐渐增加。且在此距离范围内，情景 1（停车泊位占有率示意图）中，每个位置的停车选择比例都小于或等于情景 2（停车泊位占有率实景图）。选择在距离目的地 50m 处停车的出行者最多，情景 1 下选择路内停车的比例为 49%，情景 2 下为 62%。这表明，在提供道路路内停车泊位空余信息的情况下，小汽车出行者会更愿意继续前行寻找停车位。

图 2-20 显示了在两个情景方案下，对于行驶到距离目的地 50m 处的小汽车出行者，选择路内停车、路外停车和继续寻泊的比例。情景 1 下，选择路内停车和路外停车的比例分别为 49% 和 8%，还有 43% 的人选择继续前行，而在情景 2 下分别为 59%、24% 和 17%，选择继续前行的比例明显降低。

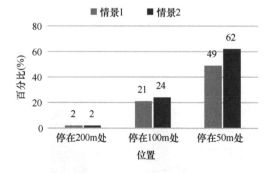
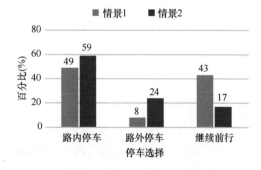

图 2-19　不同决策位置处选择路内停车比例图　　图 2-20　距目的地 50m 处停车选择分布图

如图 2-21 所示，当小汽车出行者行驶到目的地——购物中心门前时，如果发现停车位已满，在两种情景方案下选择违章停车的比例最高，且在情景 1 下的比例高于情景 2，分别为 71%、64%。而选择前往前方地下停车场或绕行回来继续寻泊的比例相对较少，在情景 1 下，比例均为 13%，在情景 2 下分别为 18%、9%。两种情景方案下，仅有 3%

和 9% 的出行者会更换目的地。结果表明，停车位不足会增加违章停车和停车寻泊现象。

4. 调查数据分析小结

基于停车行为调查，获得了出行者的停车寻泊行为特征和停车位置选择意向，主要结论为：在出行者中，多数人对调查地区相对熟悉，短时停车需求大，预计停车时间主要在 1h 之内，停车后步行距离在 100m 之内。多数停车者在距离目的地 100m 以内开始

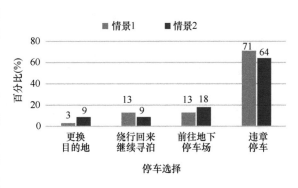

图 2-21　行驶到目的地门前的停车选择分布图

寻泊。停车时间短的出行者更愿意停在离目的地较近的地方，停车时间稍长的出行者选择的停车位置距离目的地会更远一些。预计停车时间在 1h 以内的出行者更愿意选择路内停车。

对于寻泊过程中的停车位置选择意向，从距离目的地 200m 到 50m 范围内，随着停车泊位占有率的增加，各个决策位置处选择路内停车的比例逐渐增加。对比来看，在情景 2 中，即通过实景图来呈现停车泊位利用情况，选择路内停车的比例比在情景 1 中，即通过示意图呈现路内停车泊位利用情况更大。而当小汽车出行者到达目的地发现没有空余车位时，选择违章停车的比例在两种情景方案中分别为 71% 和 64%，占比较大，会带来停车问题。

2.2　停车寻泊轨迹及决策心理调查与分析

2.2.1　调查概述

1. 寻泊行驶轨迹调查

为了获得出行者寻驶、停车过程轨迹，这里采用视频调查法，视频调查法的优点是能够获取实时的车辆行驶过程图像以及道路交通状况。只要调查日的天气情况良好、拍摄高度和角度设置合适，没有高层建筑遮挡等，采集的数据是真实、直观、可靠的，且节约人力物力。

对于调查地点，考虑到摄像机的覆盖范围，在购物中心门前辅路近 300m 的路段上，共架设 4 台摄像机，如图 2-22 所示，每台摄像机覆盖 8~9 个路内停车位，4 台摄像机同时开始和结束录制。在视频录制过程中，保持摄像头录制方向与车辆行驶方向一致，以便获取可靠的车辆轨迹数据。

摄像机能够记录车辆到达目的地附近的行驶过程、停车位置、路内停车位利用、车辆之间的干扰等情况。从 4 个摄像机录制的视频截图（图 2-23）可以看出，靠近购物中心的路内停车空位较少，而且购物中心门前停车秩序较为混乱，影响道路交通运行。

2. 停车寻泊心理调查

在视频调查的同时进行停车寻泊心理问卷调查，以深入了解小汽车出行者的寻泊和停

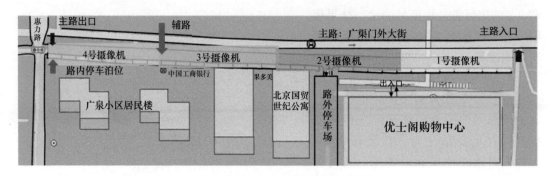

图 2-22　调查范围内摄像机位置分布图

图 2-23　4个摄像机录制的道路停车视频截图

车行为及其心理特征。调查对象为停在研究路段辅路上的小汽车出行者，调查内容包括三部分：

（1）个人基本信息

主要包括性别、年龄、职业、家庭月收入等，

（2）日常出行信息

主要包括出行目的地、停车时间、对该区域的熟悉程度、车内人数、停车后步行距离等。

（3）出行者在寻泊和停车过程中的心理特征

1）在寻泊过程中，对目的地附近停车位情况的预期，选项包括："一定会有空停车位""可能会有空停车位"和"很可能没有空停车位"。

2）寻找泊位过程中的心理想法，选项包括"担心前方没有车位，有空车位就停""看情况定，经过路段停的车多有空车位就停，停的车少就继续开""根据上次来这里停车的经验找车位"和"其他"。

3）对选择当前停车位置的心理状态，选项包括"碰碰运气，这里可能有车位停""这里一定有车位停""根据上次来这里停车的经验找车位"和"其他"。

4）如果停车后发现前方有空停车位的心理状态，通过后悔程度来表示，选项包括"完全不后悔""有点后悔"和"非常后悔"。

5）当出行者到达目的地门前，发现没有车位时的停车选择问题，选项包括"绕行回来继续寻泊""继续前行找车位""更换目的地"和"找个空地随便停"。

经过现场踏勘，视频调查时间选择了周末停车需求较高的晚高峰时段，调查时间为2017 年 6 月至 2018 年 5 月，共进行了 3 次调查，每次拍摄时长均为 120min。在视频调查过程中，同时采用面对面访谈的方式进行了停车寻泊心理问卷调查，也记录了被访者的车牌信息，以便与视频数据中的车辆轨迹进行匹配，深入分析停车寻泊过程的内在决策心理。由于叫停行驶中的小汽车出行者是非常困难的，因此，问卷调查未考虑到达购物中心后没有找到停车位而继续寻泊的出行者。调查共收集停车寻泊心理问卷 136 份。

2.2.2　停车寻泊轨迹初步分析

1. 停车寻泊轨迹的提取

基于调查所收集的视频数据，使用 George 软件来提取小汽车出行者前往购物中心的行驶、寻泊过程的轨迹信息。首先，将视频导入软件，选择并输入 6 个参考点的坐标，以建立一个平面坐标系。在提取轨迹信息时，由于视频录制方向与车辆行驶方向一致，可以获得可靠的车辆轨迹。如图 2-24 所示的每一帧视频画面，可以点击同一车辆的特定位置（如车牌）来添加一个轨迹点，帧间隔设为 0.1s，视频帧画面点击完成后，软件会自动对所有轨迹点进行平滑处理并生成车辆寻泊轨迹，如图 2-25 所示。此外，该软件还可以输出轨迹点信息表，如图 2-26 所示，包含轨迹点的横坐标、纵坐标、速度、时间和加速度等，可以将这些数据导入 Excel 表格进行后续分析。

图 2-24　一帧图像及轨迹点

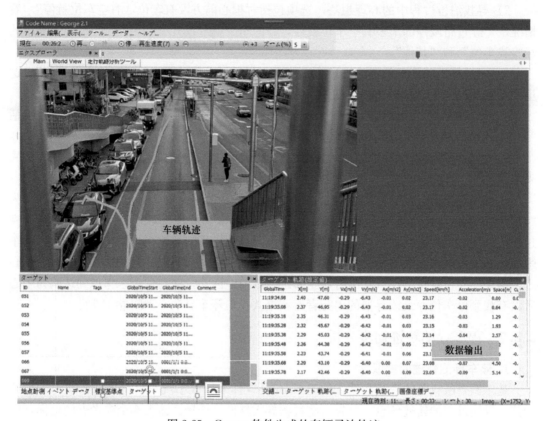

图 2-25　George 软件生成的车辆寻泊轨迹

基于车牌信息，可以将从 4 个摄像机提取的同一车辆的轨迹按顺序拼接，从而获得小汽车出行者在路段上完整的行驶和寻泊轨迹。视频数据也记录了辅路上路内停车泊位的占用状态、车辆干扰、交通状况和停车位置等相关信息，车辆停车位置信息包括车辆是停在车位内还是车位外以及停车位置与目的地的距离，进而用于分析停车寻泊规律。

GlobalTime	X[m]	Y[m]	Vx[m/s]	Vy[m/s]	Ax[m/s2]	Ay[m/s2]	Speed[km/h]	Acceleration[m/s	Space[m]	Cu
11:19:34.98	2.40	47.60	-0.29	-6.43	-0.01	0.02	23.17	-0.02	0.00	0.0
11:19:35.08	2.37	46.95	-0.29	-6.43	-0.01	0.02	23.17	-0.02	0.64	-0.
11:19:35.18	2.35	46.31	-0.29	-6.43	-0.01	0.03	23.16	-0.03	1.29	-0.
11:19:35.28	2.32	45.67	-0.29	-6.42	-0.01	0.03	23.15	-0.03	1.93	-0.
11:19:35.38	2.29	45.03	-0.29	-6.42	-0.01	0.04	23.14	-0.04	2.57	-0.
11:19:35.48	2.26	44.38	-0.29	-6.42	-0.01	0.05	23.12	-0.05	3.22	-0.
11:19:35.58	2.23	43.74	-0.29	-6.41	-0.01	0.06	23.10	-0.06	3.86	-0.
11:19:35.68	2.20	43.10	-0.29	-6.40	0.00	0.07	23.08	-0.07	4.50	-0.
11:19:35.78	2.17	42.46	-0.29	-6.40	0.00	0.09	23.05	-0.09	5.14	-0.

图 2-26　George 软件输出的轨迹点信息表

根据提取的视频数据，共获得 243 辆车的轨迹样本，其中，沿辅路经过的不停车车辆为 46 辆，停车车辆为 197 辆。

2. 停车寻泊轨迹初步分析

图 2-27 和图 2-28 为经过 George 软件处理得到的不同类型车辆在目的地附近的行驶速度变化图，每一条曲线代表一辆车的行驶速度变化曲线，横轴为 0 的位置代表目的地，图 2-27 显示沿辅路经过而不停车的车辆行驶速度变化，总体来看较高，一般在 15～35km/h。图 2-28 显示在目的地门前停车的车辆行驶速度变化，总体来看，当小汽车出行者行驶到与目的地距离为 150～200m 时，行驶速度开始降低，同时，出行者的寻泊速度较低，主要在 10～20km/h。

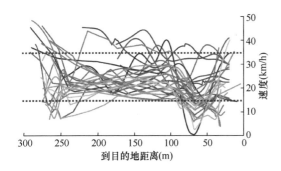
图 2-27　不停车车辆的行驶速度变化图

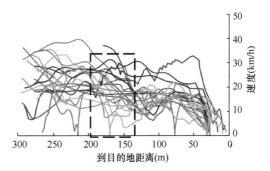
图 2-28　目的地门前停车车辆行驶速度变化图

2.2.3　停车寻泊决策心理初步分析

1. 个人信息分析

根据视频录制过程中获得的寻泊心理问卷，统计得到：85% 的被访者为男性，年龄主要在 26～45 岁，占 71%；家庭月收入主要为 <1 万元、1 万～2 万元和 2 万～3 万元，分别占 31%、41% 和 18%；职业主要为事业单位人员及自由工作者，分别占 22% 和 31%。

2. 停车行为分析

从图 2-29 和图 2-30 可知，在预计停车时间方面，49% 的受访者预计停车时间少于 30min，15% 的受访者预计停车时间在 30min～1h，停车在 1～2h 的占 24%。停车后步行距离主要在 100m 内，占 86%，其中，步行距离小于 50m 的小汽车出行者占 51%，步行距离为 50～100m 的占 35%。

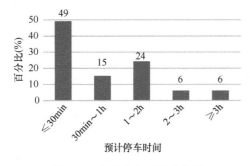
图 2-29　预计停车时间分布图

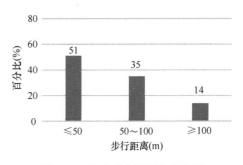
图 2-30　停车后步行距离分布图

3. 寻泊和停车过程中的心理特征分析

从图 2-31 和图 2-32 可知，在影响出行者路内停车决策的心理特征方面，出行者对目的地附近停车位情况的心理预期，主要为可能有停车位和很可能没有停车位，分别占73％和22％。寻泊过程中的心理状态，32％的人会担心前方没有车位，有空车位就停，38％的人会根据上次来这里停车的经验找车位，27％的人会看情况确定，如果在行驶过程中，经过路段停车泊位较饱和，会选择一有空车位就停车，如果经过路段停放的车辆较少，会选择继续前行。

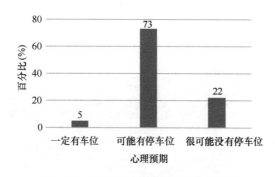

图 2-31　对目的地附近车位情况的心理预期分布图

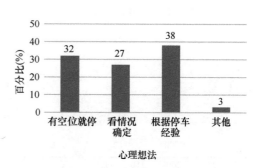

图 2-32　寻泊过程中的心理想法分布图

从图 2-33 和图 2-34 可知，小汽车出行者选择当前停车位置的心理主要为碰运气，占52％，17％的人会根据上次停车经验选择当前停车位置。停车后发现前方又有空停车位的心理状态，67％的受访者表示完全不后悔，而25％的受访者表示有点后悔。

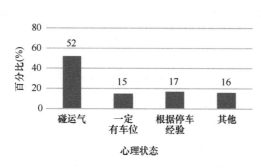

图 2-33　选择当前停车位置的心理状态分布图

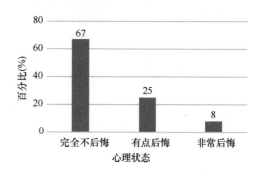

图 2-34　停车后发现空车位的心理状态分布图

从图 2-35 可知，如果行驶到目的地门前发现没有车位，主要选择为绕行回来继续寻泊、继续前行找车位和找个空地随便停，分别占 15％、49％和25％。

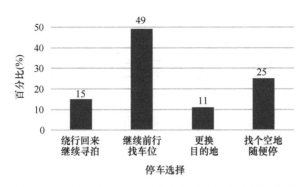

图 2-35 到达目的地发现没有车位时的停车选择分布图

2.3 小结

本章主要选择北京市典型商业区，对停车寻泊行为和轨迹进行了调查，根据调查数据，初步分析了停车寻泊行为特征，通过视频数据提取了车辆行驶和寻泊轨迹，并对停车寻泊决策心理进行了统计分析。

第 3 章　停车寻泊和选择模型

基于停车寻泊行为调查数据，应用效用最大化理论，建立路内停车位置选择模型，分析影响小汽车出行者停车选择的因素以及寻泊过程中序列决策之间的相互关系。

3.1　非集计模型介绍

非集计模型最早是根据经济学的基础理论提出来的，是将个人数据不经过处理而直接用来构造模型的分析方法，其理论基础是决策者在进行选择时追求效用最大化。效用是指决策者从每个选择中获得的愉快或者需求得到的满足[1]。

非集计模型以明确的行为假说为基础，逻辑性强，通常用于分析个体的选择行为。与传统的集计模型相比，非集计模型可以用较少的样本标定出模型参数，节省成本并提高效率。此外，非集计模型具有较好的时间和空间转移性，能够更好地适应不同场景和条件下的交通需求预测，这些特点使得非集计模型在交通方式选择、出行路径预测等领域得到了广泛应用。

3.1.1　Logit 模型

非集计模型中的效用可以分解为固定效用和随机效用两部分，固定效用是可观测部分，随机效用是不可观测部分。当假设随机效用服从 Gumbel 极值分布时，可以推导出 Logit 模型。当选择肢为两项时，成为二项 Logit 模型，当选择肢为多项时，则为多项 Logit 模型。

Logit 模型的效用函数可以表示为：

$$U_{in} = V_{in} + \varepsilon_{in} \tag{3-1}$$

式中　V_{in}——出行者 n 选择选项 i 的固定效用部分；

　　　ε_{in}——出行者 n 选择选项 i 的随机效用部分。

对于固定效用部分，目前采用线性函数作为效用函数的表达形式：

$$V_{in} = \sum_{k=1}^{K} \theta_k X_{ink} \tag{3-2}$$

式中　K——影响出行者 n 选择选项 i 的影响因素数量；

　　　θ_k——影响因素变量 X_{ink} 的模型标定系数；

　　X_{ink}——出行者 n 选择选项 i 的第 k 个影响因素。

假设随机项 ε_{in} 服从 Gumbel 极值分布，Logit 模型为：

$$P_{in} = \frac{\exp(V_{in})}{\sum_{j=1}^{J} \exp(V_{jn})} \tag{3-3}$$

式中　P_{in}——出行者 n 选择选项 i 的概率；

　　　J——选项的数量。

以上模型通过最大似然估计（Maximum Likelihood Estimation，MLE）法，利用分析软件可得出标定的系数，进而分析出行选择行为。

3.1.2　Probit 模型

Logit 模型的优点在于具有封闭形式和便于参数估计，同时还遵循独立不相关假设，即具有 IIA（Independence of Irrelevant Alternatives）特性（简称 IIA 假设）。而实际上，不同的选择项之间存在一定的相关性或替代关系，多项 Probit（Multinomial Probit，MNP）模型基于随机项的协方差矩阵，可以不受 IIA 假设的限制，更适合于解释选项之间存在相关性的决策问题[2]。

Probit 模型随机项的分布密度公式为：

$$\varphi(\varepsilon_n) = \frac{1}{(2\pi)^{J/2} |\Omega|^{1/2}} e^{-\frac{1}{2}\varepsilon_n' \Omega^{-1} \varepsilon_n} \tag{3-4}$$

式中　$\varphi(\varepsilon_n)$ ——变量 ε_n 的概率密度函数；

　　　　ε_n ——第 n 个决策者的随机误差项向量，可写成 $\varepsilon_n = (\varepsilon_{n1}, \varepsilon_{n2}, \cdots, \varepsilon_{nj})$，$\varepsilon_n$ 是不可观测的，服从均值为 0，协方差矩阵为 Ω 的正态分布；

　　　　ε_n' —— ε_n 的转置；

　　　　Ω ——协方差矩阵，描述随机误差项之间的协方差结构，依赖于决策者的选择，可以解释不同选项之间的相关性或替代关系，如果协方差矩阵不等于零，即表示选择项之间相关，各个选项之间存在依存性。

决策者 n 选择 i 的概率则为：

$$P_{in} = Prob(V_{in} + \varepsilon_{in} > V_{jn} + \varepsilon_{jn}, \forall i \neq j)$$

$$= \int I(V_{in} + \varepsilon_{in} > V_{jn} + \varepsilon_{jn}, \forall i \neq j) \phi(\varepsilon_n) d\varepsilon_n \tag{3-5}$$

式中　$I(\ \ )$ ——指示函数，括号中的项如果为真为 1，否则为 0。

选择概率通过式（3-5）的积分得到，积分是非封闭的。因此，只能通过模拟方法来估计模型，估计方法包括最大似然仿真、蒙特卡罗仿真等，这里使用统计分析软件 NLOGIT5.0 来估计 MNP 模型。

MNP 模型也可以用于面板数据的建模，其效用函数调整为：

$$U_{int} = V_{int} + \varepsilon_{int} + v_{int} \tag{3-6}$$

式中　t ——周期或重复次数；

　　　　v_{int} ——与时间相关的效用的随机项。

v_{int} 有两种形式，如下所示：

$$随机效应：v_{int} = v_{ins}（在所有周期或重复次数都相同）$$

$$一阶自回归：v_{int} = \alpha_i v_{in,t-1} + a_{int}$$

式中　α_i ——相应的自回归系数；

　　　　a_{int} ——白噪声。

考虑到在停车寻泊过程中，在距离目的地不同的位置处，也存在序列决策，可以采用 MNP 模型来分析小汽车出行者的停车寻泊和选择行为。

3.2　停车位置选择模型构建思路

为分析小汽车出行者的路内停车选择行为，基于 Logit 模型和 Probit 模型，假设出行者是交通行为决策的最基本单位，小汽车出行者在特定情景条件下的选择，是依赖其所认知的选择方案中效用最大的方案。并且，选择某方案的效用因该方案所具有的特性（如停车泊位利用情况）、出行者的特性（如年龄、性别）等因素的不同而变化。

基于在距离目的地不同位置的路内停车意向调查数据，其包含两个情景方案，情景 1 是给出不同位置的路内停车泊位利用情况的示意图，情景 2 是给出不同位置的路内停车泊位利用空余情况的实景图。出行者根据每个决策位置的信息做出是否停车的选择，整个过程可以看作是一个序列决策过程。首先，利用 Logit 模型分别建立情景 1、情景 2 条件下的不同距离位置处的停车选择模型。远距离停车选择模型是基于距离购物中心 200m 和 100m 处的停车选择意向数据，近距离停车选择模型是基于距离购物中心 100m 和 50m 处的停车选择意向数据。然后，分析影响小汽车出行者路内停车选择的影响因素。最后，使用 MNP 模型建立考虑序列决策的停车寻泊和选择模型，探索小汽车出行者在寻泊过程中的序列决策行为及决策之间的相互关系。

3.3　考虑决策位置的停车寻泊和选择模型

3.3.1　影响因素及变量设置

在建立 Logit 模型之前，首先对调查得到的影响因素与选择意向进行相关性分析，以剔除与选择肢相关性较小、因素之间相关性较大的一些因素。初步确定带入路内停车位置选择模型的因素包括对区域的熟悉程度、停车目的、停车后步行距离、停车泊位占有率、寻泊起始距离、年龄、职业、性别等。分类变量和离散变量的设置如表 3-1 和表 3-2 所示，其他变量为连续变量。

分类变量设置　　　　　　　　　　　　　　　　　　表 3-1

变量	分类	哑元变量	
停车目的	停车目的 1：休闲、购物	1	0
	停车目的 2：接送人	0	1
	停车目的 3：工作、其他目的	0	0
选择路内停车原因	原因 1：方便	1	0
	原因 2：路外停车场已满	0	1
	原因 3：距离目的地近	0	0
职业	职业 1：事业单位人员、专业技术人员	1	0
	职业 2：企业管理人员、自由职业者	0	1
	职业 3：其他职业	0	0

离散变量	内容	变量
对该区域的熟悉程度	不熟悉	1
	一般熟悉	2
	非常熟悉	3
停车费支付方式	自付	1
	其他	2
车内人数	1 人	1
	2 人及以上	2
性别	男	2
	女	1

离散变量设置　　　　表 3-2

3.3.2 远距离停车寻泊和选择模型

1. 模型标定及分析

在远距离停车寻泊和选择模型中，选项包括"路内停车"和"继续前行"两项，所有变量都放在选择路内停车的效用上，两个情景下的远距离停车寻泊和选择模型标定结果如表 3-3 所示。

远距离停车寻泊和选择模型　　　　表 3-3

变量	情景 1		情景 2	
	系数	T 检验	系数	T 检验
常数项	−9.968	−0.06	−17.982***	−3.95
熟悉程度	1.274**	2.50	0.374	1.05
停车目的 1	−2.790***	−2.69	−0.860	−1.06
停车后步行距离	0.033***	2.87	0.018**	1.97
停车泊位占有率	23.352***	3.54	23.075***	4.26
寻泊距离	0.012**	2.28	0.009*	1.95
年龄	−0.910	−0.98	−2.317**	−2.05
职业 1	1.531	1.45	1.870*	1.91
职业 2	1.612	1.63	1.647*	1.83
性别	−15.143	−0.09	−1.898*	−1.82
$L(0)$	−133.777		−133.084	
$L(\theta)$	−45.642		−64.163	
$-2L(0)-L(\hat{\theta})$	176.271		137.842	
优度比 ρ^2	0.659		0.518	
修正优度比 $\bar{\rho}^2$	0.562		0.420	

注：*、**、*** 分别表示在 90%、95%、99% 的置信水平上显著。

优度比 ρ^2 和修正优度比 $\bar{\rho}^2$ 是确定模型整体拟合程度的两个指标，当修正优度比接近

0.2～0.4时，可以认为该模型具有可接受的拟合优度。从标定结果来看，情景1下的远距离停车寻泊和选择模型优度比为0.659，修正优度比为0.562。情景2下的远距离停车寻泊和选择模型优度比为0.518，修正优度比为0.420，总体来说，模型精度比较高，可靠性好。

在情景1下的停车选择模型中，对区域的熟悉程度是重要的影响因素，说明小汽车出行者对区域停车情况越熟悉，越愿意选择在距离目的地较远处路内停车。而在情景2下的停车选择中，熟悉程度不是重要的影响因素。

对于停车目的1，即休闲、购物，在情景1下的停车选择模型中，是重要的影响因素，其系数为−2.790，对路内停车选择具有负影响，说明当停车目的为休闲、购物时，出行者更不容易选择在距离目的地较远处停车，而是继续前行寻泊。而对于情景2下的停车选择，停车目的1不是重要的影响因素。

年龄和性别因素对于情景1下的停车选择影响不大，对于情景2下的停车选择影响较大且为负向影响，说明年龄较大的小汽车出行者更容易继续前行寻泊，停在距离目的地较近的地方，女性更容易选择远距离路内停车。

停车后步行距离、停车泊位占有率、寻泊距离对于情景1和情景2的停车选择都是重要的影响因素。其中，停车泊位占有率是最重要的影响因素，其系数为正，说明当距离目的地较远时，随着停车泊位占有率的增加，空车位数的减少，选择路内停车的比例逐渐增加。而在情景2的停车选择模型中，停车泊位占有率的影响比其在情景1中更大，说明如果给定实际出行视野范围内停车泊位空余情况的实地图片，小汽车出行者对于泊位情况更为关注。其次是停车后步行距离、寻泊距离的影响较大，系数为正，说明，如果出行者本次出行的停车后步行距离、寻泊起始距离越短，小汽车出行者在距离目的地越远处更愿意选择继续前行寻泊。

2. 停车泊位占有率变化下的远距离路内停车选择分析

根据远距离停车寻泊和选择模型，为了探究路内停车泊位占有率对远距离路内停车选择的影响，假设停车泊位占有率从5%变化到100%，得到不同停车泊位占有率情况下路内停车选择比例变化。

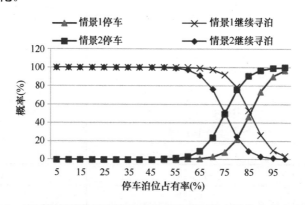

图3-1　不同情景下的远距离路内停车选择随停车泊位占有率变化图

从图3-1中可以看出，在小汽车出行者行驶到距离目的地200m至100m附近时，随着停车泊位占有率的增加，尤其是当停车泊位占有率在50%～100%变化时，选择路内停车的比例逐渐增加。小汽车出行者通过停车泊位利用情况示意图感知到的停车泊位占有率与实际停车泊位占有率有明显不同，会产生感知偏差，感知停车泊位占有率比实际低，因此，在给定出行视野范围内停车位空余情况实景图的情景 2 下，选择路内停车的比例明显高于情景 1。同时也可以说明，若能够提供给小汽车出行者前方路内停车泊位信息，即停车位的剩余情况，能够较好地引导小汽车出行者的停车选择。

3.3.3 近距离停车寻泊和选择模型

1. 模型标定及分析

在近距离停车寻泊和选择模型中，所有变量都放在选择路内停车的选择效用上，标定结果如表 3-4 所示。

<table>
<tr><td colspan="5" align="center">近距离停车寻泊和选择模型</td><td>表 3-4</td></tr>
<tr><td rowspan="2" align="center">变量</td><td colspan="2" align="center">情景 1</td><td colspan="2" align="center">情景 2</td></tr>
<tr><td align="center">系数</td><td align="center">T 检验</td><td align="center">系数</td><td align="center">T 检验</td></tr>
<tr><td align="center">常数项</td><td>−17.758 ***</td><td>−4.79</td><td>−22.271 ***</td><td>−5.56</td></tr>
<tr><td align="center">停车目的 1</td><td>−2.279 ***</td><td>−2.86</td><td>−0.323</td><td>−0.44</td></tr>
<tr><td align="center">停车目的 2</td><td>−1.951 **</td><td>−2.53</td><td>−0.879</td><td>−1.18</td></tr>
<tr><td align="center">停车后步行距离</td><td>0.008</td><td>1.04</td><td>0.017 *</td><td>1.95</td></tr>
<tr><td align="center">寻泊距离</td><td>0.011 **</td><td>2.47</td><td>0.005</td><td>1.23</td></tr>
<tr><td align="center">停车泊位占有率</td><td>25.364 ***</td><td>5.47</td><td>30.725 ***</td><td>6.15</td></tr>
<tr><td align="center">选择路内停车原因 1</td><td>0.871 *</td><td>1.78</td><td>0.383</td><td>0.78</td></tr>
<tr><td align="center">选择路内停车原因 2</td><td>1.524 *</td><td>1.85</td><td>0.750</td><td>0.91</td></tr>
<tr><td align="center">年龄</td><td>−0.936</td><td>−1.51</td><td>−1.162 **</td><td>−2.02</td></tr>
<tr><td align="center">性别</td><td>−1.921 ***</td><td>−2.62</td><td>−1.198 *</td><td>−1.78</td></tr>
<tr><td align="center">$L(0)$</td><td colspan="2" align="center">−117.142</td><td colspan="2" align="center">−110.21</td></tr>
<tr><td align="center">$L(\theta)$</td><td colspan="2" align="center">−78.634</td><td colspan="2" align="center">−76.639</td></tr>
<tr><td align="center">$-2L(0)-L(\hat{\theta})$</td><td colspan="2" align="center">77.015</td><td colspan="2" align="center">67.143</td></tr>
<tr><td align="center">优度比 ρ^2</td><td colspan="2" align="center">0.329</td><td colspan="2" align="center">0.305</td></tr>
<tr><td align="center">修正优度比 $\bar{\rho}^2$</td><td colspan="2" align="center">0.226</td><td colspan="2" align="center">0.196</td></tr>
</table>

注：*、**、*** 分别表示在 90%、95%、99% 的置信水平上显著。

从近距离停车寻泊和选择模型的标定结果来看，情景 1 的模型优度比为 0.329，修正优度比为 0.226。情景 2 的模型优度比为 0.305，修正优度比为 0.196，总体来看，模型的精度都比较高，可靠性好。

对比两个情景下的近距离停车寻泊和选择模型，情景 1 下的模型中，对路内停车选择影响重要的因素明显多于情景 2 的模型。在两个情景下的模型中，停车泊位占有率都是最重要的影响因素，其系数为正，说明当出行者行驶到距离目的地较近位置时，随着停车泊位占有率的增加，选择路内停车的比例逐渐增加，如果停车泊位占有率较小，则会选择继续前行寻泊。通过与远距离停车选择模型相比，T 检验值在近距离停车寻泊选择模型中明显较高，说明当出行者行驶到距离目的地较近的位置时，更为关注停车泊位空余情况，进而做出是否停车的选择。

此外，在情景 1 下的近距离停车寻泊和选择模型中，停车目的、寻泊距离、选择路内停车的原因也是重要的影响因素。相对于其他停车目的，休闲、购物和接送人为目的的出行者更愿意选择继续前行寻泊找更近的停车位。寻泊距离越远，小汽车出行者更愿意选择近距离路内停车。相对于距离目的地近和其他原因，因为停车方便和路外停车场已满而选择近距离停车的人更多。在情景 2 中，停车后步行距离和年龄也是重要的影响因素。

2. 停车泊位占有率变化下的近距离路内停车选择分析

根据近距离路内停车寻泊和选择模型，得到路内停车选择随停车泊位占有率的变化，如图 3-2 所示。在小汽车出行者行驶到距离目的地 100m 至 50m 附近时，当停车泊位占有率大于 60% 时，随着停车泊位占有率的增加，选择路内停车的比例逐渐增加，小汽车出行者通过提供的停车利用情况示意图感知到的停车泊位占有率与实际的停车泊位占有率差异不大。这可能是由于出行者在靠近目的地时，行驶速度明显降低，对停车情况更为关注。

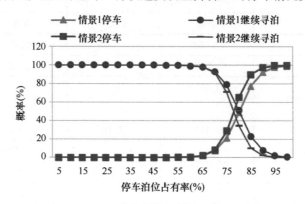

图 3-2　不同情景下的近距离路内停车选择随停车泊位占有率变化图

综上，应用 Logit 模型建立两种情景下的远距离和近距离停车寻泊和选择模型，主要结论如下：

对于远距离停车寻泊和选择模型，停车后步行距离、停车泊位占有率、寻泊距离是影响停车选择的重要影响因素。当距离目的地较远时，随着停车泊位占有率的增加，空车位数的减少，选择路内停车的比例逐渐增加。如果给定出行视野范围内停车泊位空余情况实景图，小汽车出行者对于泊位情况更为关注。如果出行者本次出行的停车后步行距离、寻泊距离越短，小汽车出行者行驶到距离目的地较远处时，更愿意选择继续前行寻泊。如果能够提供给小汽车出行者道路停车泊位利用情况信息，能够引导出行者的停车选择。

对于近距离停车寻泊和选择模型，停车泊位占有率是最重要的影响因素，当出行者行驶到距离目的地较近位置时，随着停车泊位占有率的增加，选择路内停车的比例也逐渐增加，且其更为关注停车泊位空余情况。

3.4　考虑序列决策的停车寻泊和选择模型

考虑到小汽车出行者在停车寻泊过程中，到达不同的位置会进行停车选择决策，而前一个位置的情况和选择可能对后一个位置的决策产生影响。这里使用 MNP 模型建立考虑序列决策的寻泊和停车选择模型，根据模型的协方差矩阵以及参数，分析小汽车出行者在寻泊过程中的序列决策行为。

3.4.1　考虑序列决策的停车寻泊决策模型

基于停车寻泊过程中在不同位置的停车选择意向数据，假设小汽车出行者会做出序列选择决策。例如，如果小汽车出行者选择在距离目的地 200m 处继续巡航，并在距离目的地 100m 处停车，那么会在不同停车位置处两个决策点进行停车选择。在停车位置选择意向调查中，距离目的地 200m、100m 和 50m 三个位置，均有停车选择"路内停车"和"继续前行"。通过对不同位置的停车决策进行扩样，建立基于寻泊过程的停车选择模型。

通过相关性分析，初步确定了一些重要的影响因素，分类变量设置参考表 3-1。由于各个决策位置与目的地的距离与其停车泊位占有率高度负相关，因此，模型标定中仅带入停车泊位占有率因素。各个影响因素放在选择路内停车的选择肢上进行模型的标定，标定结果如表 3-5 所示。

考虑序列决策的停车寻泊和选择模型　　　　　表 3-5

变量	情景 1		情景 2	
	系数	T 检验	系数	T 检验
常数项	-6.326^{***}	-13.22	-5.047^{***}	-12.65
停车泊位占有率	6.476^{***}	12.72	5.915^{***}	14.09
寻泊距离	0.004^{***}	2.59	0.004^{**}	2.41
停车时间	—	—	0.004^{*}	1.83
停车后步行距离	0.008^{**}	2.41	0.005^{*}	1.72
停车目的 2	—	—	-0.340^{*}	-1.72
车内人数	-0.218^{**}	-2.36		
性别	—	—	-0.642^{***}	-4.72
月收入	0.052^{***}	4.51		
α_{park}	-0.542	-1.20	-0.415^{*}	-1.72
样本量	386		369	
Inf. Cr. AIC	375.3		395.2	
McFadden 伪 R^2	0.325		0.255	

注：*、**、*** 分别表示在 90%、95%、99% 的置信水平上显著。

McFadden 伪 R^2 是衡量模型整体拟合优度的指标，该指标定义为 $1-L(\hat{\theta})/L(0)$。其中，$L(\hat{\theta})$ 为模型拟合的对数似然值，$L(0)$ 为仅包含截距项（即空模型）的对数似然值。一般来说，模型中统计上显著的变量越多，McFadden 伪 R^2 越高。相应地，模型的整体拟合优度也越好。表 3-5 显示，在两个情景下的寻泊过程停车选择模型都具有较好的拟合优度，在情景 1 下的 McFadden 伪 R^2 为 0.325，在情景 2 下的 McFadden 伪 R^2 为 0.225，说明该模型能够很好地描述停车寻泊和选择行为。

对于考虑序列决策的停车寻泊和选择模型标定结果，两个情景下，停车泊位占有率、寻泊距离以及停车后步行距离是影响路内停车序列选择决策的重要因素。其中，停车泊位占有率因素对小汽车出行者的停车决策具有最显著的正影响，表明小汽车出行者在接近目的地的寻泊过程中，更关注停车泊位情况，且随着停车泊位占有率的增加，选择路内停车的可能性也逐渐增加。此外，小汽车出行者停车寻泊距离越远，停车后的步行距离越长，其选择的停车位置距离目的地也越远。

在情景 1 的考虑序列决策的停车寻泊和选择模型中，车内人数和家庭月收入也是重要的影响因素。车内人数较多且收入较低的小汽车出行者更倾向于选择继续前行寻泊，并在距离目的地较近处停车。在情景 2 的考虑序列决策的停车寻泊和选择模型中，停车时间、停车目的 2 和性别对序列停车决策具有重要的影响。停车时间越长，选择远离目的地停车的可能性就越大。与工作和其他目的相比，以接送人为停车目的的小汽车出行者更倾向于寻泊到目的地更近处停车。男性更愿意选择在距离目的地较近处寻找停车位。

对于自回归系数 α_{park}，其系数为负，T 检验值显示，其在情景 2 的考虑序列决策的停车寻泊和选择模型中更为显著。说明在不提供停车信息的情况下，出行经验的积累对小汽车出行者的序列停车选择决策有重要影响。

以上分析显示，小汽车出行者在接近目的地寻找停车位的过程中，比较关注停车泊位情况。寻泊距离和停车后步行距离较长的小汽车出行者选择的停车位置距离目的地更远。如果不提供停车信息服务，小汽车出行者会根据寻泊决策过程中积累的出行经验做出停车选择。

3.4.2　考虑序列决策的停车位置选择模型

为了进一步分析小汽车出行者的停车行为及其影响因素，基于 MNP 模型建立停车位置选择模型。设出行者的停车位置选择包括距离目的地 200m 至 100m、50m 和目的地门前三个选项，将 200m 和 100m 位置合并为一个选项，是由于只有 3% 的小汽车出行者选择在距离目的地 200m 处的位置路内停车。将三个停车位置选项分别赋值为"1""2""3"。距离目的地为 200m 和 100m 处的停车泊位占有率可以设置为这两个位置停车泊位占有率的平均值，进而建立考虑序列决策的停车位置选择模型，如表 3-6 所示。

表 3-6 显示，在两个情景中，两个考虑序列决策的停车位置选择模型的 McFadden 伪 R^2 分别为 0.213 和 0.201。这表明两个模型的拟合度均可接受，可以用于分析小汽车出行者对停车位置的选择行为。

考虑序列决策的停车位置选择模型中，各个位置与目的地的距离作为公共变量，在两个情景中对停车位置选择产生了显著的负向影响，系数分别为 -0.021 和 -0.027，情景 2 下的影响程度大于情景 1。这表明，小汽车出行者距离目的地越近，选择路内停车的可能性就越大。

在提供路段停车泊位利用情况示意图，即情景 1 中，停车泊位占有率也是影响停车位置选择的一个重要因素。在距离目的地为 200m 和 100m 的位置处，其影响系数为 -6.215，说明 200m 和 100m 位置处的平均停车泊位占有率增加，会使得出行者选择距离目的地更近的停车位置停车。在距离目的地为 50m 处的停车泊位占有率也对停车选择产生了负向影响，其系数为 -4.469，停车泊位占有率对距离目的地 200m 和 100m 处停车选择的影响比 50m 处更为显著。说明小汽车出行者在路内停车位置选择时，主要考虑道路的停车情况。远离目的地的路侧空余停车位越少，小汽车出行者选择靠近目的地停车的概率就越大。此外，停车后步行距离和寻泊距离也是影响小汽车出行者在距离目的地 200m 和 100m 处停车选择的重要因素。停车目的 1、车内人数和月收入对距离目的地 50m 处的停车选择也有一定的影响。

考虑序列决策的停车位置选择模型　　　　　表 3-6

位置	变量	情景 1		情景 2	
		系数	T 检验	系数	T 检验
位置 1：200m 和 100m	常数项	4.198***	3.37	−0.643	−0.37
	200m 和 100m 位置处平均停车泊位占有率	−6.215**	−2.39	—	—
	停车后步行距离	0.020**	2.00	0.053***	2.61
	寻泊距离	0.007*	1.71	—	—
位置 2：50m	常数项	11.036***	4.83	3.005**	2.28
	50m 位置处停车泊位占有率	−4.469**	−2.25	—	—
	200m 和 100m 位置处平均停车泊位占有率	−7.943***	−4.29	−4.651***	−2.62
	停车目的 1	−0.408**	−2.37	—	—
	停车目的 2	—	—	0.405***	3.29
	车内人数	−0.469***	−3.35	—	—
	性别	—	—	−0.623***	−4.30
	职业 1	—	—	−0.500***	−4.37
	月收入	−0.047**	−2.54	−0.063***	−5.13
	停车费支付方式	—	—	2.083***	3.03
公共变量	与目的地的距离	−0.021**	−2.43	−0.027***	−4.89
	样本量	173		173	
	Inf. Cr. AIC	257.8		255.3	
	McFadden 伪 R^2	0.213		0.201	

注：*、**、*** 分别表示在 90%、95%、99% 的置信水平上显著。

在提供停车情况实景图的情景 2 中，与目的地的距离仍是重要的影响因素，距离目的地 200m 和 100m 处的停车泊位占有率并不是影响停车选择的重要因素。然而，它对距离目的地 50m 处的停车选择产生了显著的负向影响，系数为 −4.651。这表明，小汽车出行者的出行经验或在寻泊过程中积累的知识对后续停车选择行为产生一定的影响。此外，停车后步行距离对距离目的地 200m 和 100m 处的停车选择产生了正向影响。性别、职业 1 和月收入对 50m 处的停车选择产生了负向影响。这表明，事业单位和专业技术人员且收入较高的小汽车出行者更不愿意选择在距离目的地较近的 50m 处停车。

综上分析，提供停车泊位利用信息可以影响小汽车出行者的路内停车位置选择，起到调节停车需求分布的作用，使得小汽车出行者对与目的地距离因素的关注程度减少。而没有停车泊位利用信息时，出行经验或在寻泊过程中积累的知识对后续停车选择行为产生了一定的影响。

情景 1 下不同位置的停车决策相关矩阵　　　　表 3-7

决策位置	位置1：200m 和 100m（t 值）	位置2：50m（t 值）	位置3：目的地门前（t 值）
位置1	0.679（0.65）	0.299（1.46）	0.119（0.07）
位置2	0.299（1.46）	0.999（5.14）	0.763（3.63）
位置3	0.119（0.70）	0.763（3.63）	1.000（1.00）

情景 2 下不同位置的停车决策相关矩阵　　　　表 3-8

决策位置	位置1：200m 和 100m（t 值）	位置2：50m（t 值）	位置3：目的地门前（t 值）
位置1	2.536（2.12）	0.426（1.61）	0.064（0.02）
位置2	0.426（1.61）	1.349（5.49）	0.247（0.55）
位置3	0.064（0.02）	0.247（0.55）	1.001（1.00）

从表 3-7 和表 3-8 中可以看出，在两个情景下，距离目的地不同位置间的停车选择决策的标准差和相关系数均为正值。这表明，不同位置的序列停车决策之间存在相关性。小汽车出行者在到达目的地附近的停车位置选择时，会关注在出行过程中经过位置的停车情况。同时，相邻位置决策之间的关系比非相邻位置决策之间的关系更为紧密，说明小汽车出行者会基于相邻决策位置及停车情况进行路内停车选择决策。

通过对比可以看出，在给出路段停车泊位利用情况信息示意图的情景 1 中，距离目的地 50m 处的位置与目的地门前的位置之间的停车决策相关性相对较大。但在给出停车情况实景图的情景 2 中，距离目的地 200m 和 100m 处与 50m 处之间的停车决策相关性相对较大。这说明，提供停车泊位利用信息可以使小汽车出行者更加关注靠近目的地的停车选择。

综上，通过在北京典型商业区域的停车寻泊行为调查数据，基于非集计模型方法，建立了停车寻泊和选择模型，模型结果显示其适用于分析小汽车出行者的寻泊行为以及寻泊过程中的序列停车选择决策。

考虑决策位置的停车选择模型分析表明，停车泊位占有率、寻泊距离和停车后的步行距离是影响小汽车出行者路内停车选择的重要因素。当小汽车出行者接近目的地时，随着停车泊位占有率的增加，选择路内停车的可能性也随之增加。如果小汽车出行者的寻泊距离越远、停车后步行距离越长，其停车位置距离目的地越远。

考虑序列决策的停车位置选择模型分析显示，不同决策位置的序列停车决策之间存在一定的相关性。小汽车出行者会基于相邻决策位置及停车情况进行路内停车选择决策。提供停车位利用情况信息可以影响小汽车出行者的停车行为，进而调节停车需求分布，在这种情况下，小汽车出行者在出行过程中主要关注路内停车泊位空余情况，当前位置的停车泊位占有率对停车选择具有重要影响。如果不提供停车泊位利用信息，小汽车出行者主要基于出行过程中积累的经验或知识做出停车决策。因此，如果能提供停车泊位利用信息，可以缩短寻泊时间，均衡停车资源利用，减少停车问题。

3.5　小结

本章应用 Logit 模型建立了远距离和近距离停车寻泊和选择模型，分析了影响不同位置停车选择的影响因素，进而基于多项 Probit 模型建立了考虑序列决策的停车位置选择模型，深入分析了小汽车出行者的序列停车选择决策之间的相关性。研究得出，不同决策位置的停车决策之间存在一定的相关性，相邻决策位置及停车情况是小汽车出行者进行路内停车选择的基础，提供停车位利用信息可以减少寻泊时间、缓解停车问题。

本章参考文献

[1]　关宏志．非集计模型：交通行为分析的工具[M]．北京：人民交通出版社，2004.

[2]　Train K E. Discrete choice methods with simulation[M]. Cambridge University Press，2009.

第4章 停车寻泊过程及心理决策研究

出行者的停车行为受到多种因素的影响，使得车辆寻泊过程和停车位置选择呈现出不同的特征。从过程和心理的角度出发，基于视频调查和停车寻泊心理调查数据，对小汽车出行者的寻泊轨迹进行深入的分析，从而提取寻泊和停车过程中的行为特征，揭示不同情况下停车寻泊行为的心理规律。

4.1 停车寻泊轨迹及心理特征分析

4.1.1 停车寻泊轨迹波动评价指标

为了描述车辆在寻泊和停车过程中的轨迹波动程度，这里提出了车辆寻泊轨迹波动值和车辆行驶速度波动值两个指标，来描述车辆在一定距离范围内的寻泊轨迹的平均波动情况。波动值越大，表示寻泊轨迹和行驶速度的波动变化越明显。

$$Vol(tra) = \frac{\sum_{i=2}^{n} |(y_i - y_{i-1})/(x_i - x_{i-1})|}{n-1} \tag{4-1}$$

$$Vol(V) = \frac{\sum_{i=2}^{n} |(v_i - v_{i-1})/(x_i - x_{i-1})|}{n-1} \tag{4-2}$$

式中　$Vol(tra)$——车辆寻泊轨迹波动性值；

　　　$Vol(V)$——车辆行驶速度波动性值；

　　　x_i——轨迹上第 i 点到目的地的水平距离；

　　　v_i——轨迹上第 i 点的速度；

　　　y_i——轨迹上第 i 点到路内停车位外侧边缘的垂直距离；

　　　n——每个车辆轨迹上的点数。

通过对经过不停车车辆的行驶轨迹和速度分析得到，其车辆轨迹线主要沿辅路机动车道中心线附近行驶，平均行驶速度为 $12 \sim 36 km/h$，平均值为 $23 km/h$。以此为参照，考虑停车位置、路内车位空余情况、车辆间干扰等因素的影响，以下主要对停车车辆的寻泊、停车过程轨迹进行分类分析。

4.1.2 路内停车车辆寻泊轨迹及心理特征分析

出行者在驾车行驶过程中，经过路段的路内停车泊位空余情况会影响寻泊行为，以下分为路内停车泊位利用较饱和和不饱和两种情况，对停在路内停车泊位内的车辆轨迹进行分析。

1. 车位利用较饱和情况下的车辆轨迹及心理特征分析

相对饱和的停车泊位利用情况定义为车辆行驶经过路段上的平均停车泊位占有率大于

80％。这里选取了具有代表性的 25 辆路内停车车辆样本来分析其寻泊轨迹。同时，这些车辆中，只有 48％的车辆受到其他机动车或非机动车的干扰，且经历的干扰次数少于三次，因此，将这样的干扰影响定义为"小干扰"。

将车辆轨迹通过三维图进行呈现，如图 4-1 所示，其中，横轴表示车辆沿辅路向目的地行驶过程中与目的地的水平距离，$x=0$ 表示购物中心门前位置，纵轴表示与辅路垂直的方向，$y=0$ 表示路内停车泊位外侧边缘线，$y=1.5$ 表示辅路上非机动车道和机动车道的分界线，$y=3.25$ 表示辅路机动车道的中心线，$y=5$ 表示主路与辅路分隔带边缘线。假定车辆行驶轨迹偏离机动车道中心线并向路侧偏移，或其在某个位置处车辆行驶速度小于 23km/h 时，可以认为车辆有寻泊倾向，该位置为停车寻泊过程的起点。当车辆进入非机动车道或其速度小于 10km/h 时，表示出行者即将停车，停车寻泊过程结束。

图 4-1 为车辆经过路段路内停车泊位利用相对饱和情况下的车辆寻泊轨迹图，图上实线表示重点分析的代表性车辆轨迹，虚线表示其他车辆轨迹。可以看出，在寻泊和停车过程中，小汽车出行者的行驶轨迹会向路边偏移。此外，车辆越接近最终停车位置，其行驶速度就越低。表 4-1 总结了不同情况下的车辆寻泊轨迹特征和心理状态，可以看出，在路内停车泊位利用相对饱和且干扰较小的情况下，大多数车辆轨迹呈现出较小的波动，轨迹的平均波动值为 0.023，行驶速度的平均波动值为

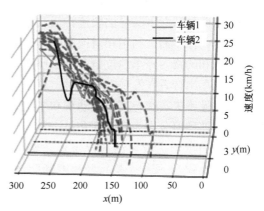

图 4-1 相对饱和停车情况下的车辆寻泊轨迹图

0.231，这些车辆的平均行驶速度为 18km/h。通常，这部分出行者选择的停车位置距离目的地较远。

根据与车辆轨迹相匹配的寻泊心理问卷调查数据显示，这类小汽车出行者主要是短时停车者，平均停车时间约为 70min。在相对饱和的路内停车泊位利用情况下，60％的小汽车出行者表示会担心前方找不到空车位，因此，一看到有空车位就立即停车。车辆 1 的出行者就呈现这样的寻泊心理，其寻泊轨迹波动值较小，为 0.01，停车时间较短，在 0.5～1h 之间，且车内有两人。部分小汽车出行者在选择停车位置时存在碰运气的心理，其车辆寻泊轨迹波动性明显，平均行驶速度较低。车辆 2 就是一个例子，其轨迹波动性值为 0.04，平均行驶速度约为 14km/h。

不同情况下的车辆寻泊轨迹特征和心理状态 表 4-1

停车位置	停车状况	轨迹波动值	行驶速度波动值	寻泊心理状态
停在路内停车位内	• 车位利用较饱和； • 干扰较小	0.023	0.231	担心前方没有车位，有空车位就停
	• 车位利用不饱和； • 干扰较小	0.026	0.306	• 碰运气，认为前方可能有停车位； • 看情况定，经过路段停的车多有空车位就停，停的车少就继续开
	• 车位利用不饱和； • 干扰较大	0.030	0.429	

续表

停车位置	停车状况	轨迹波动值	行驶速度波动值	寻泊心理状态
停在路内停车位外	一次停车	0.019	0.281	• 碰运气，预期目的地附近有空车位； • 若到达目的地无停车位则会选择找个空地随便停车
	二次停车	0.080	0.642	

2. 车位利用不饱和情况下的车辆轨迹及心理特征分析

在小汽车出行者经过路段段内停车泊位利用不饱和情况下，即路段的平均停车泊位占有率小于80%时，选取41辆路内停车车辆来分析小汽车出行者在受到干扰较小和受到干扰较大这两种情况下的寻泊轨迹特征和心理状态。

与路内停车泊位利用相对饱和的停车情况下的车辆轨迹分析相比，如图4-2所示，在相对不饱和的路内停车泊位情况下，小汽车出行者的车辆寻泊轨迹和行驶速度曲线波动明显。小汽车出行者在发现空车位时，对于选择停车还是继续寻找离目的地更近的停车泊位时显得犹豫不决。在与其他机动车和非机动车干扰较小的情况下，车辆寻泊轨迹和行驶速度的平均波动值分别为0.026和0.306，平均行驶速度为19km/h。同时，在与其他机动车和非机动车干扰较大的情况下，车辆寻泊轨迹和行驶速度的平均波动值分别增加到0.030和0.429，使得平均行驶速度降低至17km/h。

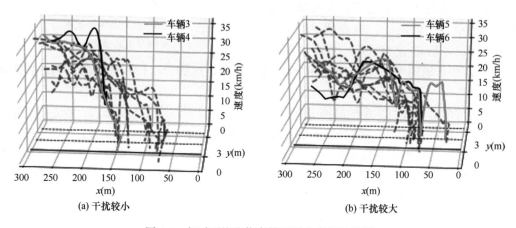

图4-2 相对不饱和停车情况下的车辆轨迹图

根据与车辆匹配的寻泊心理问卷调查数据分析可知，这部分小汽车出行者的平均路内停车时间较短，约为45min。大多数小汽车出行者会尝试碰运气寻找停车泊位，并认为前方可能有停车泊位。此外，在这部分出行者中，50%的受访者在停车后发现目的地附近有空车位时表示不后悔，图4-2中的车辆3和车辆5就是两个示例。当然，也有一些小汽车出行者会根据情况寻找停车泊位，经过路段停放的车多看到空车位就停，停放的车少就继续开，如图4-2中的车辆4和车辆6所示。

4.1.3 路内车位外停车车辆寻泊轨迹及心理特征分析

1. 一次停车车辆寻泊轨迹及心理特征分析

在车辆行驶过程中，部分小汽车出行者会遇到空车位，但距离目的地相对远一些，会选择不停车。而到了目的地附近发现没有空车位，他们会选择随便停车。调查数据显示，约有 20% 的小汽车出行者会呈现这样的停车选择行为，这里选取了 40 个车辆样本进行寻泊与停车过程分析。

图 4-3 为路内停车泊位外一次停车车辆轨迹图，可以看出，车辆轨迹波动相对较小，轨迹和行驶速度的平均波动值分别为 0.019 和 0.281。这部分小汽车出行者的平均停车时间约为 10min，大多数人停车是为了临时接送人。他们更倾向于靠近目的地停车，如果到达目的地时没有停车位，宁愿找个空地随便停车。在决策心理状态方面，该群体中有82% 的人表示，在寻找停车泊位时愿意碰碰运气，并预期能在目的地附近找到空车位，如车辆 7 和车辆 8 所示。还有一些小汽车出行者，通常车内人数较多，主要根据过去的停车经验进行寻泊停车，在停车后如果发现前方有空车位表示并不后悔。例如，乘坐三人的车辆 9，在到达目的地但没有找到空车位时，会选择找个空地随便停车。

2. 二次停车车辆寻泊轨迹及心理特征分析

部分小汽车出行者在到达目的地附近的路段后进行了两次停车。首先，他们会在距离目的地较远处短暂停车，停车时间不超过 3min。随后，他们继续驾车行驶，并最终在目的地前的路内停车位外随便停车。为分析其寻泊和停车过程，选取了 5 辆具有代表性的二次停车的车辆轨迹进行分析。

如图 4-4 所示，由于进行了二次停车，这部分小汽车出行者的车辆轨迹和行驶速度曲线呈现更大的波动，车辆轨迹的平均波动值为 0.080，行驶速度的平均波动值为 0.642。停车决策心理状态主要依赖碰运气寻找停车泊位，如果到达目的地后发现没有空车位，他们便会选择找个空地随便停车。例如，车辆 10 的停车时长为 15min，就会呈现这样的停车寻泊行为。同时，这部分小汽车出行者的寻泊和停车行为对道路交通产生了较大的影响。

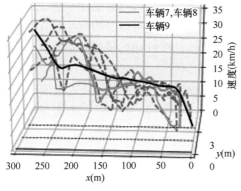
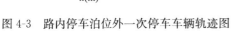
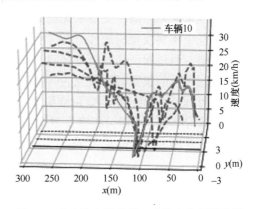

图 4-3 路内停车泊位外一次停车车辆轨迹图 　图 4-4 路内停车泊位外二次停车车辆轨迹图

针对目的地附近的违章停车情况，可设立临时停车区作为促进其合法停车的有效解决方案。临时停车区主要用于短时停车，并设置标志指示停车时间限制，比如 10~15min。

综上，为了表征寻泊和停车过程中车辆轨迹的变化，提出了车辆寻泊轨迹和行驶速度的波动值。通过分析显示，在不同情况下，出行者表现出不同的停车寻泊特征。在路内停车泊位相对饱和且与其他车辆干扰较小的情况下，大多数车辆行驶轨迹和速度往往波动较小，平均速度较高。在这种情况下，小汽车出行者的停车时间相对较长，通常会因为担心前方没有空车位而选择距离目的地较远处停车。而在路内停车泊位相对不饱和的情况下，车辆轨迹和速度曲线表现出更大的波动性。同时，在与其他车辆干扰较大情况下的车辆轨迹平均波动值高于干扰较小的情况。在这种情况下，许多出行者进行路内停车泊位选择决策的心理主要是碰运气，遇到空车位时是选择停车还是继续行驶到更近的地方停车，出行者表现出犹豫不决。短时停车者倾向尽可能靠近目的地停车，若停车泊位饱和，他们可能会选择停在停车泊位之外。

选择停在停车泊位外的小汽车出行者通常都是短时停车，往往是为了接送人，其平均停车时间约为10min。这些出行者通常会预期目的地会有空车位，并希望尽可能靠近目的地停车。但是，如果到达目的地时发现没有空车位，他们就会选择随便违章停车。一些小汽车出行者停了两次车，其寻泊和停车过程对道路交通产生了较大的影响。因此，建立临时停车区、设置临时停车标志可作为促进商业综合体附近有序停车的有效措施。

4.2 停车寻泊过程模型及心理因素分析

路内停车寻泊过程可能随出行者的个人信息、心理状态、停车需求特征等因素的不同而不同，其影响因素较多，且有些无法量化，而结构方程模型弥补了传统统计方法的不足，是多源数据分析的重要工具，可以分析潜在变量之间的关系，同时能够有效地处理变量误差的问题。因此，可采用结构方程模型来分析停车寻泊行为与影响因素之间的关系。

4.2.1 结构方程模型

结构方程模型（Structural Equation Modeling，SEM）是基于变量的协方差矩阵对变量之间的关系进行统计分析的方法，也称为协方差结构分析[1]。SEM假定一组潜在变量之间存在因果关系，潜在变量是无法直接或精确测量的变量，可以分别用一组观测变量表示，是某几个观察变量的线性组合。根据因果关系，潜在变量可以分为外生潜在变量和内生潜在变量。通过验证观测变量之间的协方差，可以估计线性回归模型的系数，从而在统计上检验所假设的模型对所研究的问题是否适配。

结构方程模型由测量模型和结构模型组成，一般结构方程由三个公式组成，其中式（4-3）为结构模型，可以分析潜变量之间的关系；式（4-4）和式（4-5）为测量模型，表示潜变量与观测变量之间的关系。

$$\eta = B\eta + \Gamma\xi + \zeta \tag{4-3}$$

$$Y = \Lambda_Y\eta + \varepsilon \tag{4-4}$$

$$X = \Lambda_X\xi + \delta \tag{4-5}$$

式中 η——内生潜变量组成的向量；

   B——内生潜变量的系数矩阵；

   Γ——外生潜变量的系数矩阵；

   ξ——外生潜变量组成的向量；

ζ——结构方程残差向量；

Y——内生变量组成的向量；

Λ_Y——内生变量 Y 在内生潜变量 η 上的因子负荷矩阵；

ε——内生变量测量误差向量；

X——外生变量组成的向量；

Λ_X——外生变量 X 在外生潜变量 ξ 上的因子负荷矩阵；

δ——外生变量的测量误差向量。

结构方程模型的分析步骤包括理论模型构建、变量量化、模型识别、模型评估和修正。利用结构方程建模拟合数据是一个动态且不断调整的过程。需要根据经验和先前模型的拟合结果调整模型的结构，进行多次标定，最终得到与实际数据拟合较好的模型。本书使用最大似然估计（Maximum Likelihood Estimation，MLE）进行模型估计[2]，最大似然估计的分布类似于渐进正态分布，是一种无偏的、一致性的、渐进有效的估计方法。参数估计能够得到变量之间的关系以及模型未能解释部分、变量测量上的误差等参数。借助统计分析软件 AMOS，基于图形界面进行模型的标定。

4.2.2 模型变量的选取与设置

运用因子分析方法初步确定了影响路内停车行为的因素，结构方程模型变量如表 4-2 所示。个人信息包括性别、家庭月收入及职业。与停车相关的因素包括停车时间和车内人数。路内停车寻泊心理包括寻泊过程中的心理状态、选择当前停车位置的心理状态以及停车后发现目的地近处有空车位时的后悔程度。寻泊和停车过程特征包括轨迹波动程度、行驶速度波动程度、平均寻泊速度以及当前停车位置。其他因素还包括与其他车辆的干扰程度和路内停车泊位占有率。

结构方程模型的潜变量包括个人信息（F1）、与停车相关的因素（F2）、路内停车寻泊心理（F3）以及寻泊和停车过程特征（F4）。

结构方程模型变量　　　　　　　　　　　　　　　　表 4-2

潜变量	观测变量	变量标识	变量描述和赋值
个人信息（F1）	性别	X_{11}	男性：1；女性：2
	家庭月收入	X_{12}	连续变量
	职业	X_{13}	事业单位人员、专业技术人员和企业管理人员：1；其他人员：2
与停车相关的因素（F2）	停车时间	X_{21}	连续变量
	车内人数	X_{22}	连续变量
路内停车寻泊心理（F3）	寻泊过程中的心理状态	X_{31}	担心前方没有车位，有空车位就停：1；看情况定，经过路段停的车多有空车位就停，停的车少就继续开：2；根据上次停车经验：3；其他：4
	选择当前停车位置的心理状态	X_{32}	碰运气，可能有车位停：1；一定有停车位：2；根据停车经验：3；其他：4
	停车后发现目的地近处有空车位的后悔程度	X_{33}	完全不后悔：1；有点后悔：2；非常后悔：3

潜变量	观测变量	变量标识	变量描述和赋值
寻泊和停车过程特征（F4）	轨迹波动程度	X_{41}	连续变量
	行驶速度波动程度	X_{42}	连续变量
	平均寻泊速度	X_{43}	连续变量
	当前停车位置	X_{44}	停在车位内：1；停在车位外：2
其他因素	与其他车辆的干扰程度	X_{51}	干扰较小：1；干扰较大：2
	路内停车泊位占有率	X_{52}	不饱和：1；相对饱和：2

4.2.3 停车寻泊过程模型标定及分析

利用统计分析软件建立结构方程模型，由于 AMOS 软件不能以结构方程模型公式中的残差符号 ζ、ε 和 δ 来表示残差，在模型输出结果中均以 e 来表示残差。模型构建考虑了各变量之间的相互影响关系，结构方程模型标准化输出结果如图 4-5 所示。

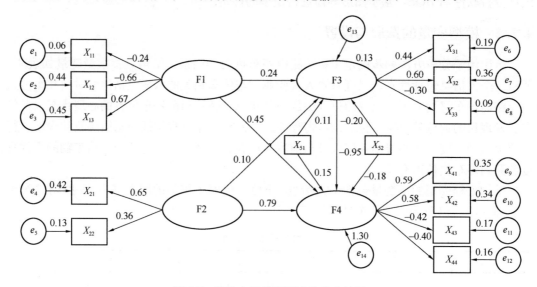

图 4-5　结构方程模型标准化输出结果

结构方程模型的拟合统计指标如表 4-3 所示。卡方与自由度之比（$CMIN/DF$）为 0.939（<3）。拟合优度指数（GFI）、调整后的拟合优度指数（$AGFI$）、比较拟合指数（CFI）和增量拟合指数（IFI）分别为 0.948、0.909、0.968 和 0.976，均大于 0.9。渐进均方根残差（$RMSEA$）为 0.000（<0.08），该模型的各项指标均满足适配标准。说明模型是可接受的，并且与数据拟合度较好[3]。

结构方程模型的拟合统计指标

表 4-3

适配度指标	指标含义	检验结果	适配标准
CHI/DF	卡方值/自由度	0.939	<3
GFI	拟合优度指数	0.948	>0.9
$AGFI$	调整后的拟合优度指数	0.909	>0.9

适配度指标	指标含义	检验结果	适配标准
CFI	比较拟合指数	0.968	>0.9
IFI	增量拟合指数	0.976	>0.9
RMSEA	渐进均方根残差	0.000	<0.08

从图 4-5 可以看出，性别、家庭月收入和职业对个人信息潜在变量的标定系数分别为 −0.24、−0.66 和 0.67。个人信息潜在变量主要由家庭收入和职业因素反映。对于路内停车寻泊心理潜变量，寻泊过程中的心理状态、选择当前停车位置的心理状态以及停车后发现目的地近处有空车位时的后悔程度对应的标定系数分别为 0.44、0.60 和 −0.30。寻泊过程中的心理状态和选择当前停车位置的心理状态对寻泊心理潜变量有较大的影响。此外，停车时间和车内人数对与停车相关的因素潜变量的标定系数分别为 0.65 和 0.36，表明，这两个因素可以表征小汽车出行者的停车行为特征。对于寻泊和停车过程特征潜变量，轨迹波动程度、行驶速度波动程度、平均寻泊速度以及当前停车位置的标定系数分别为 0.59、0.58、−0.42 和 −0.40，这说明，小汽车出行者在寻泊和停车过程特征可以通过停车寻泊过程信息来反映。

路内停车寻泊心理与寻泊和停车过程特征之间的载荷系数最高，达到 −0.95，表明两者之间存在显著的负相关性。在寻泊和停车过程中，担心前方无停车位、有空车位就停车，停车后发现距离目的地更近的地方又有空车位而深感后悔的小汽车出行者，其车辆行驶轨迹波动性较大，平均车速较低，他们主要选择在路内车位停车。而基于以往停车经验选择路内停车，且对没有选择距离目的地更近的停车位也不感到后悔的小汽车出行者，其车辆行驶轨迹波动较小，行驶速度较高。为缓解停车寻泊带来的交通问题，提供实时停车信息是一种有效的方法，可以减轻出行者的焦虑和后悔情绪，增加寻泊过程中的心理确定程度，进而减少寻泊过程中的轨迹波动程度，提高行驶速度，减少对道路交通的影响。

与停车相关的因素与寻泊和停车过程特征之间的载荷系数也较高，为 0.79。停车时间较长且车内人数较多的小汽车出行者在路内寻泊过程中的车辆行驶轨迹波动较大，车速较低，且倾向于选择路内停车位。个人信息与寻泊和停车过程特征之间的载荷系数为 0.45。事业单位、专业技术和企业管理人员以及中高收入群体的车辆行驶轨迹波动较小，行驶速度较高。

此外，路内停车寻泊心理和与停车相关的因素对寻泊和停车过程特征的直接影响高于个人信息，说明，心理状态和停车行为特征是影响停车寻泊过程的主要因素。机动车与非机动车之间的干扰对寻泊和停车过程特征的载荷系数为 0.15，说明小汽车出行者寻泊过程中与其他车辆的干扰越大，行驶轨迹波动也越大，行驶速度越低。经过路段的平均停车泊位占有率对停车和寻泊过程特征的载荷系数为 −0.18，这说明，小汽车出行者的路内停车泊位利用情况越饱和，车辆的行驶轨迹波动性越小，行驶速度越高。

表 4-4 为各因素对寻泊过程影响的直接效应、间接效应和总效应，可以看出，个人信息和与停车相关的因素潜变量可以通过路内停车寻泊心理中介变量间接影响小汽车出行者的寻泊和停车过程。个人信息对寻泊和停车过程特征的间接效应为 −0.23，这说明，个体差异会部分地通过停车寻泊心理间接影响寻泊和停车过程特征。例如，一些低收入出行者

以及自由职业或其他职业类型的个体更可能基于停车经验做出停车决策，从而影响寻泊和停车过程行为。同样，与停车相关的因素对寻泊和停车过程特征的间接效应为−0.10。车内人数较多且停车时间较长的出行者往往在决策时更加谨慎，从而影响寻泊和停车过程。此外，小汽车出行者的路内平均停车泊位占有率对寻泊和停车过程特征的间接效应为0.19。这说明，经过路段的停车泊位利用情况较饱和时，小汽车出行者会担心前方无空车位或在寻泊找空车位时做出激进的决策。以上结果显示，心理因素与寻泊和停车过程行为特征之间存在着显著的影响关系。因此，基于不同个体特征、停车行为特征以及寻泊心理，制定有针对性的交通政策，可以有效减少寻泊现象和交通拥堵。

各因素对寻泊过程影响的直接效应、间接效应和总效应 表 4-4

影响因素	寻泊和停车过程特征（F4）		
	直接效应	间接效应	总效应
个人信息（F1）	0.45	−0.23	0.22
与停车相关的因素（F2）	0.79	−0.10	0.69
路内停车寻泊心理（F3）	−0.95	—	−0.95
与其他车辆的干扰程度	0.15	−0.10	0.05
路内停车泊位占有率	−0.18	0.19	0.01

综上，基于结构方程模型建立的路内寻泊和停车过程模型，结果表明，该模型与数据拟合程度较好。寻泊心理特征和停车相关的因素会对路内寻泊和停车过程产生较大的直接影响。一些出行者在做出路内停车决策时会表现出担忧和犹豫的心理状态，例如，担心前方无空车位、停车后发现近处有空车位而深感后悔的小汽车出行者，其车辆行驶轨迹波动程度较大，平均行驶速度较低。个人信息、停车行为特征及停车泊位占有率也可通过寻泊心理对路内停车寻泊过程产生间接影响。例如，低收入者、自由职业和其他职业者更倾向于根据自己的停车经验做出路内停车决策，从而对寻泊和停车过程产生影响。此外，车内人数较多且停车时间较长的出行者在做出路内停车决策时往往更加谨慎，进而影响寻泊和停车过程。

因此，基于不同的停车寻泊心理分析，制定有针对性的交通政策在减少寻泊现象和交通拥堵方面可能更为有效。例如，提供实时停车信息和智能停车引导系统可以最大限度地减少小汽车出行者的不确定性，影响其停车决策的心理状态，改变寻泊行为，使其做出更加合理的停车选择。

4.3 小结

本章根据停车寻泊过程视频和心理问卷调查，从过程和心理角度出发，讨论在不同情况下，出行者在寻泊和停车过程中的特征，进而采用结构方程模型分析个人信息、停车行为特征、心理因素与寻泊过程特征之间的直接关系和间接关系，并结合研究结论给出了相关的建议。

本章参考文献

［1］ Suhr D. The basics of structural equation modeling[J]. Presented：Irvine，CA，SAS User Group of the Western Region of the United States (WUSS)，2006：1-19.

［2］ Lee J Y，Chung J H，Son B. Analysis of traffic accident size for Korean highway using structural equation models[J]. Accident Analysis & Prevention，2008，40(6)：1955-1963.

［3］ Bentler P M，Bonett D G. Significance tests and goodness of fit in the analysis of covariance structures[J]. Psychological Bulletin，1980，88(3)：588.

第5章 停车寻泊过程轨迹聚类分析

车辆寻驶轨迹可以呈现小汽车出行者的动态寻泊、停车过程，是一种过程分析方法，可以深入掌握停车寻泊过程规律。本章基于停车寻泊轨迹数据，分析小汽车出行者在不同停车位置和停车入位情况下的停车寻泊过程规律，进而采用基于隐马尔可夫模型的谱聚类方法进行停车寻泊过程特征分析和识别。

5.1 停车寻泊过程分析

5.1.1 停车寻泊轨迹波动综合评价指标

基于本书第 4.1.1 节提出的车辆寻泊轨迹波动值 $Vol(tra)$ 和车辆行驶速度波动值 $Vol(V)$，路段轨迹波动值是指车辆寻泊轨迹波动值与寻泊距离的乘积，如式（5-1）所示，而路段行驶速度波动值是指车辆行驶速度波动值与寻泊距离的乘积，如式（5-2）所示。路段轨迹波动值越高，表示该路段上寻泊车辆对道路交通的影响越大。

$$Vol(sec) = Vol(tra) \cdot (d_1 - d_2) \tag{5-1}$$

$$Vol(vec) = Vol(V) \cdot (d_1 - d_2) \tag{5-2}$$

式中　$Vol(sec)$——车辆寻泊轨迹的路段波动值；

　　　$Vol(vec)$——车辆寻泊的路段行驶速度波动值；

　　　d_1——停车寻泊起始点到目的地的距离；

　　　d_2——停车寻泊结束的位置与目的地的距离，对于停车车辆即为停车位置到目的地的距离；

　　　$(d_1 - d_2)$——车辆在该路段上的寻泊距离。

5.1.2 停车寻泊过程分析

根据小汽车出行者的停车位置，对在选定路段上停车车辆的轨迹数据进行分类，并分析小汽车出行者的寻泊过程特征。停在路内停车泊位的小汽车出行者分为远距离停车者和近距离停车者进行分析，远距离停车者是指将车辆停放在距离目的地为 $100 \sim 200m$ 范围内的出行者。近距离停车者是指将车辆停放在距离目的地 $100m$ 范围内的出行者。这里分别选取了具有代表性的 26 个远距离出行者的车辆轨迹样本和 37 个近距离出行者的车辆轨迹样本进行分析，其三维车辆寻泊轨迹图如图 5-1～图 5-3 所示（图上各条曲线表示样本车辆的寻泊轨迹）。停车寻泊过程的特征统计如表 5-1 所示。

1. 停在路内停车泊位内的出行者寻泊过程分析

由图 5-1 和表 5-1 可以看出，对于选择在距离目的地较远处停在路内停车泊位内的小汽车出行者，在停车寻泊过程中，车辆寻泊轨迹向路侧有明显的偏移。车辆的行驶轨迹起伏较大，车辆寻泊轨迹和行驶速度波动值分别为 0.028、0.409，这部分小汽车出行者有些是刚从上游主路驶出进入辅路便选择停车，其寻泊轨迹较短，轨迹和行驶速度的路段波动值也相对较小，分别为 2.756、40.275，车辆平均行驶速度较高，为 19km/h，平均寻泊距离为 102m，会对寻驶路段道路交通产生一定的影响。

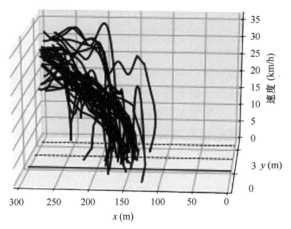
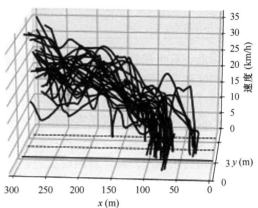

图 5-1　远距离路内停车泊位内停车者　　　图 5-2　近距离路内停车泊位内停车者
　　　　　车辆寻泊轨迹图　　　　　　　　　　　　　　车辆寻泊轨迹图

从图 5-2 和表 5-1 可以看出，对于在距离目的地较近处停在路内停车泊位内的小汽车出行者，停车寻泊轨迹起伏相对较大，寻泊轨迹较长，车辆寻泊轨迹和行驶速度的波动值分别为 0.020、0.235，路段轨迹和行驶速度波动值分别为 3.567、44.849，这些车辆平均行驶速度较低，为 17km/h，平均寻泊距离为 176m。这部分近距离停车者的寻泊对道路交通的影响大于远距离停车者。

2. 停在路内停车泊位外的出行者寻泊过程分析

小汽车出行者沿辅路行驶，在途中遇到空车位但并未选择停车，而是行驶到目的地门前附近，发现车位饱和而选择违章停车，一般停车时间较短，主要停车目的是接送人。这里选取具有代表性的 40 辆车进行轨迹分析。

从图 5-3 和表 5-1 可以看出，出行者的寻泊轨迹在距离目的地 100m 附近明显向路内停车泊位偏移，这部分小汽车出行者的寻泊轨迹起伏相对较小，车辆寻泊轨迹和行驶速度波动值分别为 0.014、0.158。路段寻泊轨迹波动值和行驶速度

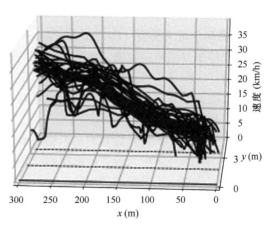

图 5-3　停在路内停车泊位外的出行者
　　　　　车辆寻泊轨迹图

波动值相对较小，分别为 2.637、30.482，车辆行驶对该路段交通运行影响较小，车辆平均行驶速度较高，为 20km/h，平均寻泊距离为 191m。

停车位置		车辆寻泊轨迹波动值	路段寻泊轨迹波动值	行驶速度波动值	路段行驶速度波动值	平均寻泊速度（km/h)	平均寻泊距离（m)
停在路内停车泊位内	距目的地较远	0.028	2.756	0.409	40.275	19	102
	距目的地较近	0.020	3.567	0.235	44.849	17	176
停在路内停车泊位外		0.014	2.637	0.158	30.482	20	191

表 5-1 上方标题：不同停车位置的出行者寻泊过程特征统计

　　综上，基于视频调查数据提取的小汽车出行者的停车寻泊轨迹，提出了车辆寻泊轨迹波动程度和路段波动程度评价指标，基于对停车寻泊轨迹的初步分析可知，远距离停车者的车辆寻泊轨迹起伏最大，车辆平均行驶速度较高，主要是从主路驶出进入辅路不久，看到空车位就停车。对于近距离停车者，车辆寻泊轨迹起伏相对较大，平均行驶速度较低，对道路交通的影响较大。对于停在近距离车位外的出行者，车辆寻泊轨迹起伏相对较小，车辆平均行驶速度较高，对路段交通运行影响较小。

5.2　停车寻泊轨迹聚类与识别

　　时间序列数据和点数据不同，时间序列数据的特征会随着时间而发生变化，小汽车出行者的寻泊轨迹数据就是时间序列数据。传统的对时间序列数据的分析方法是直接按照数据点进行聚类分析，优点是操作步骤简单，但是较难计算轨迹的相似度，因为需要处理的数据集维数较高，且认为轨迹中所有节点的权重一样，忽略了轨迹中一些重要节点的影响。如果基于模型进行聚类分析，可以将寻泊轨迹看作是某些模型或概率分布组成的数据，能够更加方便地处理不同长度的轨迹数据。

5.2.1　隐马尔可夫模型-谱聚类方法

1. 隐马尔可夫模型（Hidden Markov Model，HMM）

　　基于停车寻泊轨迹数据，将轨迹转化成模型进行描述，可以分类分析出行者的停车寻泊过程特征。隐马尔可夫模型是关于时间序列的概率模型[1]，可以描述为由一个隐藏的马尔可夫链随机生成的不可观测状态随机序列，再由各个状态生成同一个观测，从而产生观测随机序列的过程。

　　通常情况下，人们只能观测到事物输出的符号序列，而不能观测到状态之间的转移和状态分布[2]。隐马尔可夫模型过程图如图 5-4 所示，在本书中，可观测状态表示小汽车出行者的寻泊轨迹，不可观测的隐状态表示小汽车出行者在寻泊过程中做出停车决策的心理活动。

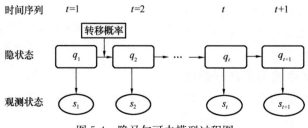

图 5-4　隐马尔可夫模型过程图

对于隐马尔可夫模型，隐状态序列是由隐马尔可夫链随机生成的，每个隐状态可以生成观测的随机序列，称为观测序列。令 η 表示隐马尔可夫模型的参数集合，轨迹特征的隐马尔可夫模型可表示为五元组参数：

$$\eta = (Q, S, \Pi, A, B) \tag{5-3}$$

其中：

$$Q = \{q_1, q_2, \cdots, q_N\} \tag{5-4}$$

$$S = \{s_1, s_2, \cdots, s_M\} \tag{5-5}$$

式中 Q ——隐状态序列；

S ——隐状态的观测序列，即显状态，S 中的状态也称为观测状态。假设 N、M 分别为隐状态数量和观测状态数量。

$$\Pi = \{\pi_j\}, 1 \leqslant j \leqslant N \tag{5-6}$$

式中 Π ——初始概率（隐状态）。

$$A(N \cdot N) = \{a_{ij}\} \tag{5-7}$$

式中 A ——状态转移概率矩阵，其中，$1 \leqslant i, j \leqslant N$，$a_{ij} = P(q_j \mid q_i)$，表示由隐状态 q_i 转换到隐状态 q_j 的概率。

$$B(N \cdot M) = \{b_{jk}\} \tag{5-8}$$

式中 B ——观测概率矩阵，其中，$1 \leqslant k \leqslant M$，$b_{jk} = P(s_k \mid q_j)$，表示由隐状态 q_j 转换为观测状态 s_k 的概率。

根据以上模型和时间序列轨迹数据，可以得到隐马尔可夫模型参数集合，再进行学习生成轨迹的距离向量和轨迹数据集的距离矩阵。

2. 轨迹间相似性度量

相似性度量，即综合评定两个事物之间相近程度的一种度量。两个事物越接近，它们的相似性度量也就越大；而两个事物越疏远，它们的相似性度量也就越小。通常相似度的数值范围为 0~1，数值越大表示相似度越高。相似性度量的方法种类繁多，一般根据实际问题进行选用。

距离计算法是相似性度量的重要方法，使用距离来表示样本之间的相似性，距离较近的样本性质较相似，距离较远的样本则差异较大。在距离计算法中，欧式距离是最易于理解的一种方法，其优点是计算简单，源自欧氏空间中两点间的距离公式，而欧式距离的缺点是每个坐标点对欧式距离的贡献是同等的，没有考虑不同特征（维度）的变异程度对距离计算的影响。因此，当数据的各个维度具有不同的量纲或方差时，欧式距离可能无法有效地反映实际的相似性或差异性。

这里采用 KL 距离对隐马尔科夫模型之间的相似度进行计算，KL 距离是 Kullback-Leibler 距离的简称[3]，即相对熵（Relative Entropy），可以衡量相同事件空间里的两个概率分布的差异情况。在本书中，有车辆轨迹集合 T，停车寻泊轨迹之间的距离，可以转化为模型 η_m 和 η_n 之间的距离为：

$$D_{KL} = [P(T \mid \eta_m); P(T \mid \eta_n)] = \int dT P(T \mid \eta_m) \log \frac{P(T \mid \eta_m)}{P(T \mid \eta_n)} \tag{5-9}$$

由于式（5-9）计算复杂，可以通过建立似然度向量计算该式的近似值降低计算难度。对于一个模型 η_m，建立一个似然度向量 $P(T_k \mid \eta_m)$，$k = 1, \cdots, G$，G 是车辆寻位轨迹数据集的大小，然后对似然向量进行归一化，进而获得观测序列（如寻泊轨迹）的离散概率分布 P_m^*，同理也可以得到 P_n^*，两个离散概率分布 P_m^* 与 P_n^* 之间的 KL 距离见式（5-10），α 表示聚类的数量。

$$D_{\text{KL}}^{disc}(P_m^* ; P_n^*) = \sum_\alpha P_{m\alpha}^* \log \frac{P_{m\alpha}^*}{P_{n\alpha}^*} \tag{5-10}$$

如式（5-10）所示，KL 距离不是对称的，故在实际计算中，模型 η_m 与 η_n 的 KL 距离计算如下：

$$d(m,n) = \frac{1}{2} \left[D_{\text{KL}}^{disc}(P_m^* ; P_n^*) + D_{\text{KL}}^{disc}(P_n^* ; P_m^*) \right] \tag{5-11}$$

根据以上方法，可以获得轨迹间的相似度矩阵。

3. 谱聚类分析

聚类通常按照对象间的相似性进行分组，数据的类型不同，相似性的含义也不同。聚类分析按照样本点之间的远近程度进行分类。谱聚类算法是一种基于图谱分割理论的算法，能在非凸的样本空间上进行优化分割，从而获得最优的全局解，它将数据集中的每个样本视为图中的顶点，顶点之间边的权重表示样本之间的相似程度。谱聚类算法基于轨迹数据构建的相似度矩阵，通过该矩阵计算得到正则拉普拉斯矩阵，然后对正则拉普拉斯矩阵进行特征向量分解，然后选择一种聚类方法，如 Kmeans 聚类方法，对特征向量空间中的特征向量进行聚类。谱聚类算法只需要数据之间的相似度矩阵，对于处理稀疏数据的聚类很有效。由于使用了降维技术，谱聚类算法在处理高维数据时其复杂度比传统聚类算法要好，避免了高维数据聚类计算的问题。谱聚类算法在多个领域都有广泛的应用，包括但不限于图像处理、文本挖掘、社交网络分析等。由于其对数据分布的适应性较强，且计算量相对较小，因此，在处理实际的聚类问题时，谱聚类算法通常是首选算法之一。

本书使用隐马尔科夫模型表示小汽车出行者寻泊轨迹的分布模式，将寻泊轨迹之间的相似度距离计算问题，转化成概率模型的相似度距离计算问题。基于隐马尔科夫模型-谱聚类方法框架图如图 5-5 所示。

图 5-5　隐马尔可夫模型-谱聚类方法框架图

5.2.2　停车寻泊轨迹聚类和识别分析

将小汽车出行者的停车寻泊轨迹看作时间序列数据，采用隐马尔可夫模型-谱聚类方法，利用 Python 语言编程，对小汽车出行者的停车寻泊过程进行聚类分析，并进行停车位置的分类识别。

1. 停车寻泊轨迹聚类步骤

对停车寻泊轨迹进行聚类的步骤如下：

（1）对车辆寻泊轨迹进行初步分析，为寻泊轨迹聚类数量提供参考。

（2）对每一条车辆寻泊轨迹构建隐马尔科夫模型，确定每一条轨迹的参数。

（3）采用 KL 距离计算公式，计算隐马尔科夫模型的相似度距离，即寻泊轨迹之间的距离。

（4）基于 Kmeans 聚类方法，对相似度矩阵进行分类。

（5）应用谱聚类的方法进行聚类分析，得到不同类型的小汽车出行者的寻泊轨迹。

2. 停车寻泊轨迹聚类和识别

考虑使用的轨迹数据信息不同会对聚类结果产生影响，这里分别基于二维轨迹数据 x 和 y、x 和 v，以及三维轨迹数据 x、y、v 进行聚类。x 表示轨迹点到目的地的水平距离，y 表示轨迹点到路内停车泊位外侧边缘的垂直距离，v 表示轨迹点的行驶速度。通过变化隐状态数量 N 和邻近算法中邻近数 K 等参数的取值，选取较优的参数值。最后识别出三组不同停车位置的车辆寻泊轨迹，并统计不同位置停车寻泊轨迹的识别准确率，如表 5-2 所示。识别准确率是通过比较隐马尔可夫模型-谱聚类方法预测结果与实际调查数据获得，如果模型预测结果与实际调查数据一致，则认为预测正确，预测正确的车辆轨迹数与车辆轨迹总数的比值即为识别准确率。

三组不同位置的车辆寻泊轨迹识别准确率　　　　表 5-2

停车位置		二维停车寻泊轨迹数据		三维停车寻泊轨迹数据
		x、y （$N=5$，$K=5$）	x、v （$N=5$，$K=3$）	x、y、v （$N=4$，$K=6$）
停在路内停车泊位内	距离目的地较远	97%	97%	97%
	距离目的地较近	92%	88%	96%
停在路内停车泊位外		100%	95%	97%
平均识别准确率		97%	94%	97%

从表 5-2 中可以看出，基于隐马尔可夫模型-谱聚类方法能够较好地识别出行者的停车寻泊过程，平均识别准确率为 94%。通过二维停车寻泊轨迹数据 x、y 和三维停车寻泊轨迹数据对停车寻泊轨迹的识别准确率较高，均为 97%，因为车辆行驶速度还会受到非机动车等多因素的干扰，基于二维停车寻泊轨迹数据 x、v 的识别准确率相对较低。总体来看，基于三维停车寻泊轨迹数据对不同位置的车辆识别准确率均较高，分类识别效果更好，如图 5-6 所示（图上各条曲线表示样本车辆的寻泊轨迹）。因此，采用三维停车寻泊

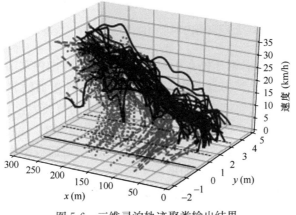

图 5-6　三维寻泊轨迹聚类输出结果

轨迹数据对每组轨迹的寻泊过程特征和停车位置识别作进一步分析。

3. 停车寻泊过程特征聚类分析

考虑到出行者寻泊过程的差异性，对在不同位置停车的车辆寻泊轨迹进行二次聚类分析，得到八类出行者寻泊过程聚类结果，如图 5-7～图 5-9 所示，并统计每类出行者的寻泊轨迹波动值以及平均寻泊速度、平均寻泊距离、寻泊特征等信息，如表 5-3 所示，进而分析每类出行者的寻泊过程特征。

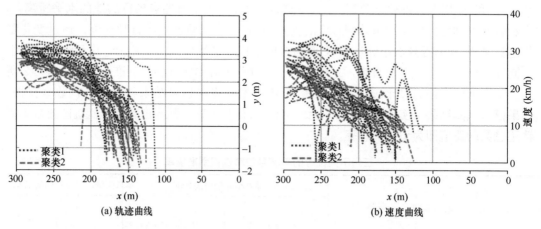

图 5-7　远距离路内停车泊位内的停车者寻泊轨迹聚类图

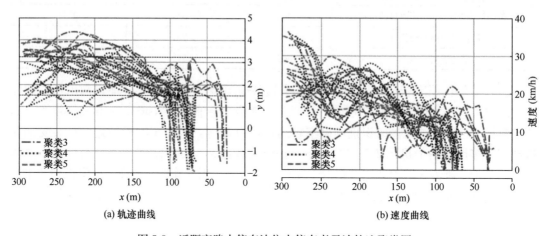

图 5-8　近距离路内停车泊位内停车者寻泊轨迹聚类图

由图 5-7 和表 5-3 可知，对于停在距离目的地较远的路内停车泊位内的出行者，可以分为两类，聚类 1 中的小汽车出行者约占 38%，轨迹和速度曲线起伏变化较大，停车寻泊行为特征较明显，其寻泊轨迹波动值和路段轨迹波动均值较大，分别为 0.033、3.146，尤其是速度的波动值和路段速度波动均值较大，分别为 0.618、59.949。平均寻泊距离约为 100m。聚类 1 中小汽车出行者的寻泊过程对路段的交通运行影响较大。对于聚类 2 中的小汽车出行者，其寻泊行为特征不如聚类 1 明显，轨迹波动程度相对较小，轨迹波动值和路段轨迹波动均值分别为 0.023、2.366，速度波动值和路段速度波动均值分别为 0.200、20.600。平均寻泊速度为 19km/h，对寻泊路段交通运行影响相对较小。

由图5-8和表5-3可知，对于停在距离目的地较近的路内停车泊位内的出行者，可以分成三类，即聚类3、聚类4、聚类5。其中，聚类3的小汽车出行者占31%，其寻泊轨迹起伏较大，寻泊行为特征较明显，轨迹波动值和对应的路段轨迹波动均值分别为0.025、5.045，行驶速度的波动值和路段行驶速度波动均值分别为0.374、80.125，寻泊速度较低，为16km/h，寻泊距离约为200m，对寻泊路段道路交通的影响较大。聚类4的小汽车出行者约占42%，其寻泊行为特征一般明显。聚类5的小汽车出行者寻泊行为特征不明显，轨迹波动变化程度较小，轨迹波动值和路段轨迹波动均值分别为0.016、2.499，行驶速度波动值和路段行驶速度波动均值分别为0.117、18.937。

由图5-9和表5-3可知，对于停在距离目的地较近的路内停车泊位外的出行者，可以分成三类，为聚类6、聚类7、聚类8，其中，聚类6的小汽车出行者占43%，寻泊行为特征相对较明显，轨迹波动值和路段轨迹波动均值较大，分别为0.018、3.446，行驶速度的波动值和路段行驶速度波动均值为0.236、43.700，寻泊距离约为186m。聚类7、聚类8的小汽车出行者寻泊行为特征相对不明显。聚类7轨迹波动值和路段轨迹波动均值分别为0.013、2.848，行驶速度的波动值和路段行驶速度波动均值为0.144、32.355。聚类8轨迹波动值和路段轨迹波动均值分别为0.010、1.618，行驶速度的波动值和路段行驶速度波动均值为0.095、15.391。

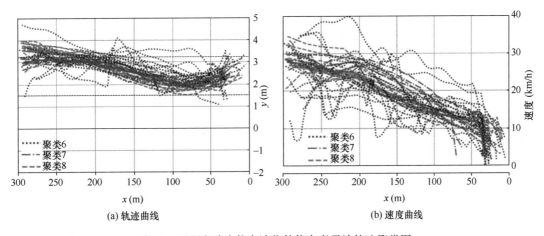

(a) 轨迹曲线　　　　　　　　　　　　(b) 速度曲线

图5-9 近距离路内停车泊位外停车者寻泊轨迹聚类图

不同位置的停车寻泊轨迹聚类结果　　　　　　　　　　表5-3

停车位置		聚类	轨迹波动值	路段轨迹波动均值	行驶速度波动值	路段行驶速度波动均值	寻泊速度(km/h)	寻泊距离(m)	寻泊特征
停在路内停车泊位内	距目的地较远	聚类1	0.033	3.146	0.618	59.949	20	98	明显
		聚类2	0.023	2.366	0.200	20.600	19	106	一般明显
	距目的地较近	聚类3	0.025	5.045	0.374	80.125	16	204	明显
		聚类4	0.019	3.156	0.215	35.484	19	165	一般明显
		聚类5	0.016	2.499	0.117	18.937	17	158	不明显
停在路内停车泊位外		聚类6	0.018	3.446	0.236	43.700	20	186	一般明显
		聚类7	0.013	2.848	0.144	32.355	22	227	不明显
		聚类8	0.010	1.618	0.095	15.391	19	159	不明显

基于以上分析可以得出，在不同位置停车的小汽车出行者在停车寻泊过程中表现出不同的特征。波动较大的寻泊轨迹呈现明显的寻泊特征。例如，聚类 1 和聚类 3 的寻泊距离为 100～200m，这两类群体约占所有寻泊车辆的 22%。聚类 2、聚类 4 和聚类 6 具有一般明显的寻泊行为特征，占所有寻泊车辆的 50%。这些群体对道路交通影响较大，在智能停车引导和推荐时，可以将这部分群体作为主要对象，制定合理的停车引导策略和推荐方案，减少其对道路交通的影响。

5.2.3 停车位置聚类识别分析

为了识别和预测小汽车出行者的停车位置，这里使用不同长度的寻泊轨迹，通过聚类分析识别停车位置。通过比较隐马尔可夫模型-谱聚类方法得到的结果和实际调查数据，可以获得不同长度寻泊轨迹的停车位置识别准确率，以及车辆停放在路内停车泊位内、外的识别准确率。

根据调查获得的出行者停车寻泊轨迹数据，选择了 85 个长度超过 80m 的车辆轨迹样本进行识别。根据其停车位置分为停在距离目的地较远处（＞100m）、较近处（50～100m）和附近（0～50m）三类。然后，从距离目的地 300m 处开始截取不同长度的寻泊轨迹，使用隐马尔可夫模型-谱聚类方法进行停车远近和停车位置的聚类识别分析，识别准确率如图 5-10 所示。

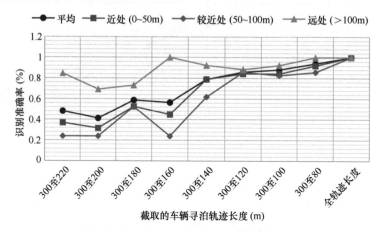

图 5-10　不同寻泊轨迹长度下停车远近聚类识别准确率

从图 5-10 可以看出，随着截取的车辆寻泊轨迹长度的增加，对出行者接近目的地的停车远近的识别准确率总体呈现上升趋势。当截取的车辆寻泊轨迹长度为距离目的地 300m 至 140m 时，即轨迹长度约为 130m 时，距离目的地的停车远、近识别准确率明显增加，当截取的车辆寻泊轨迹长度为距离目的地 300m 至 120m，即轨迹长度约为 150m 时，停车远、近的平均识别准确率达到 86%。当截取的车辆寻泊轨迹长度为距离目的地 300m 至 80m 时，即轨迹长度约为 180m 时，停车远、近识别准确率达到 94%。所以，150m 的寻泊轨迹长度可以作为出行者停车位置远近识别预测的阈值，轨迹越长，识别预测准确率越高。此外，对于距离目的地较远处位置识别准确率较高，对于在目的地近处位置停车的出行者，寻泊轨迹较长且有些比较相似，所以识别准确率相对较低。

将在目的地附近停车的小汽车出行者寻泊轨迹，根据其是否停入车位分为停在车位内和停在车位外两类。选取 64 个停车寻泊轨迹样本，根据与目的地的距离，由远及近，截取不同长度的寻泊轨迹，进行停车是否入位的聚类识别分析，识别准确率如图 5-11 所示。从图中可以看出，不同的车辆寻泊轨迹长度下的停车是否入位的识别准确率有所差异，将轨迹从 300m 开始，截取到 220m 至 140m 之间时，停车是否入位识别准确率在 75%～83% 之间，且有波动。当截取的车辆寻泊轨迹为距离目的地 300m 至 120m 时，即轨迹长度约为 150m 开始，轨迹越长，停车是否入位识别准确率越高，基本达到 85% 以上。当截取的轨迹为距离目的地 300m 至 80m 时，即轨迹长度约为 180m 时，停车是否入位平均识别准确率达到 90%。因此，截取的寻泊轨迹长度为 150m 可以作为出行者停车是否入位识别预测的阈值，轨迹越长，识别可靠性越高。

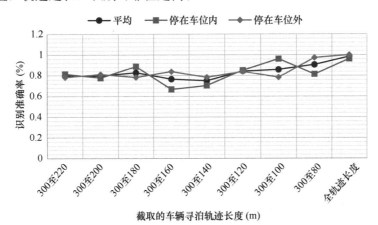

图 5-11　不同轨迹长度下停车是否入位聚类识别准确率

　　结合对停车位置远近和停车入位状态的聚类识别分析，可以得出，当从远及近截取的车辆寻泊轨迹长度达到或超过 150m 时，对停车位置远近和停车入位状态的识别准确率均可达到 85% 以上，且识别效果较好。150m 的寻泊轨迹长度可以作为预测停车位置远近和是否是停车入位的阈值。当预测到小汽车出行者将在目的地附近停车时，如果目的地附近停车泊位不足，停车将会影响周围道路交通，通过智能停车系统发布停车信息并进行停车引导，可以平衡停车泊位利用。当预测到小汽车出行者将在路内停车泊位外违章停车时，可以通过发布诱导信息引导他们前往附近的停车场停车。

　　综上，基于隐马尔可夫模型-谱聚类方法，对小汽车出行者的停车寻泊轨迹进行聚类识别分析得到，三维轨迹数据的识别准确率较高，为 97%，这说明，基于轨迹多维特征信息的聚类识别分析效果更好。进而对停在不同位置的三维寻泊轨迹数据进行二次聚类识别分析，得到八类不同停车寻泊特征的群体，分析得到，停在距目的地较远处的小汽车出行者，即聚类 1，和停在距离目的地较近处的小汽车出行者，即聚类 3，其寻泊轨迹波动变化幅度较大，寻泊行为特征比较明显，这两个群体约占所有寻泊车辆的 22%。聚类 2、聚类 4、聚类 6 具有较为明显的寻泊行为特征，占比达 50%，对道路交通的影响比较大。这些群体也是智能停车引导策略和推荐时的主要对象，距离目的地 200m 的范围可以作为停车引导信息和泊位推荐信息发布的最小阈值，对其进行实时的停车引导和停车泊位推荐将减少其对道路交通的影响。

　　对出行者停车位置和停车入位情况进行聚类识别分析得到，当截取的轨迹长度达到

150m 及以上时，两者的识别准确率均能达到 85％以上，识别效果较好，且随着轨迹长度的增加，对出行者到达目的地的停车位置远近和是否入位的识别准确率逐渐增加。150m 的轨迹长度可以作为出行者停车位置和入位可靠识别预测的阈值，预测结果可用于制定最优的停车引导和实时信息发布策略，调整出行者的停车决策过程，从而平衡停车资源利用。

5.3 小结

本章基于停车寻泊轨迹数据，运用隐马尔可夫模型-谱聚类方法进行停车寻泊轨迹聚类识别分析和寻泊特征分析，并对停车远近和停车入位情况进行了聚类识别。研究得出，基于三维寻泊轨迹数据的识别准确率更高，聚类 1、聚类 2、聚类 3、聚类 4 和聚类 6 的车辆寻泊轨迹波动程度较大，对道路交通的影响也更为显著，这些群体可作为智能停车引导和推荐的对象。随着截取的车辆轨迹长度的增加，对停车远近和停车入位状态的识别准确率也会增加。150m 的轨迹长度可作为准确预测小汽车出行者的停车远近和停车入位状态的阈值。这些研究结果可应用于智能停车系统，以动态预测停车情况，从而制定合理的停车引导和信息发布策略，提高停车效率，减少停车问题。

本章参考文献

［1］ Rabiner L R. A tutorial on hidden Markov models and selected applications in speech recognition［J］. P roceedings of the IEEE，1989，77（2）：257-286.

［2］ 李航. 统计学习方法［M］. 北京：清华大学出版社，2012.

［3］ Kullback S，Leibler R A. On information and sufficiency［J］. The Annals of Mathematical Statistics，1951，22（1）：79-86.

第二篇

浮动式停车收费价格
策略研究

第6章　浮动式停车收费价格研究背景

6.1　研究背景

随着城市化进程的加快和小汽车数量的快速增加，大中城市停车供需矛盾日益突出。截至2023年底，北京市的机动车保有量已经达到758.9万辆（图6-1），备案公共停车场共计3387个，从分区域看，全市73.5%的备案公共停车场集中在中心城区，70.7%的停车泊位分布在中心城区[1]。停车泊位供需矛盾突出，由此带来了"停车难""乱停车"等一系列问题，并对周边动态交通以及资源、环境产生较大影响。

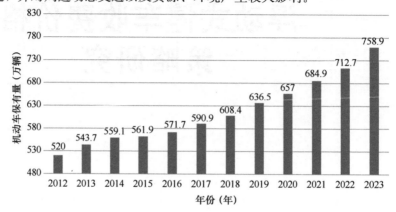

图6-1　北京市历年机动车保有量变化图

停车收费作为交通需求管理的重要手段之一，属于静态交通需求管理的范畴，是调节停车需求时空分布的有效方式，在许多城市得到了广泛应用，在缓解城市交通拥堵方面有着重要的作用。目前，停车收费标准通常在较长一段时间内保持不变，例如2015年北京市发布的《关于本市停车收费管理有关问题的通知》（京发改〔2015〕2688号），实施分区域差别化停车定价策略，2018年发布的《北京市发展和改革委员会北京市财政局关于本市道路停车占道费收费标准有关问题的通知》（京发改〔2018〕2770号）对收费时段和不足一个计时单位的计费标准进行了微调，没有调整具体收费价格，并一直沿用至今，其停车收费标准很难适应停车需求的动态变化，尤其是对于停车需求较高且变化较大的中心商务区，削弱了停车收费价格对停车需求的调节作用。合理的停车收费价格不仅可以优化出行者的停车选择行为，也能促进城市停车产业化，增强城市活力。

停车收费价格过低会使得停车需求超过停车供给，而出现停车利用率过高和寻泊时间过长的现象，如果停车收费价格过高，则可能使得停车利用率过低并影响城市经济活力。早在1954年，诺贝尔经济学奖获得者William Vickrey就建议使用动态停车收费价格机制，根据不断变化的停车需求，定期调整不同停车设施的停车收费价格，以平衡停车供需关系，使停车利用率保持在理想的水平上，从而减少停车和交通问题。目前已有几个城市尝试使用浮动式停车定价机制，例如，旧金山市实施的"SFpark"项目，如图 6-2 所示，该项目旨在通过停车收费价格动态调整，使停车设施占用率保持在理想的 60%～80%，项目的实施显著提高了该地区的停车效率。台北市根据高峰时段的公共停车场利用率对停车收费价格进行了动态调整，当地主管部门每 6 个月评估一次停车设施利用情况，当停车设施占用率超过 80%或低于 50%时，将相应地提高或降低停车收费价格。

图 6-2　旧金山的"SFpark"项目

资料来源：SFMTA. Demand-Responsive Parking Pricing［EB/OL］.（2017-12-05）
［2025-02-20］. https：//www. sfmta. com/demand-responsive-parking-pricing.

作为一种创新的交通需求管理方法，浮动式停车收费价格尚未在国内城市推广使用。因此，有必要基于我国大城市出行者的停车行为特点进行探索性研究。目前，北京市逐步对路内停车安装电子停车收费系统，自 2019 年 1 月 1 日实施道路停车改革以来，截至 2023 年 12 月，道路停车电子收费系统覆盖了 1138 条道路、9.7 万余个车位，如图 6-3 所示。

图 6-3　电子停车收费车位和标识牌

同时，"北京交通"APP停车服务功能升级上新，在界面优化、运行提速的同时，完善了道路停车订单状态提示，增设提醒车主及时缴纳停车费功能，还可实时查看目的地周边停车场，如图6-4、图6-5所示。电子停车收费系统和停车服务系统为实施需求驱动的浮动式收费提供了可行条件。

图6-4　"北京交通"APP　　　　图6-5　路内车位查询界面
　　　　　停车服务首页界面

本书基于停车收费价格接受意愿和选择偏好调查数据，构建停车位置选择和寻泊决策规则，采用多智能体方法模拟路内停车寻泊过程，并探讨浮动式停车收费价格对停车需求和道路交通运行的影响。最后，对不同的动态停车收费价格方案进行评估，并给出推荐的价格方案。研究结论可为浮动式停车收费价格策略的制定提供参考。

6.2　国内外研究现状

国内外学者对停车收费价格进行了很多研究，以下主要从停车收费价格对停车需求和出行选择行为影响研究、停车收费价格研究和停车系统模拟研究三个方面进行文献综述。

6.2.1　停车收费价格对停车需求和出行选择行为影响研究

在停车收费价格对停车需求和出行选择行为的影响研究方面，Ottosson等根据2011

年西雅图停车收费价格变化前后的数据，得到停车需求在时间和空间上变化的价格弹性，其随着一天内不同时段和不同区域而有所不同[2]。Pu 等基于旧金山的"MTA"项目，利用地理加权回归方法研究了停车收费价格变化下停车泊位占有率变化的空间异质性，结果表明，不同区域内的不同时段、街区特征、人口地理等特征都会影响停车泊位占有率对价格的敏感性[3]。Alemi 等通过建立广义混合效应差分模型，讨论了"SFpark"项目中价格变化对停车需求的影响。研究表明，项目的实施使得区域出行者的寻泊时间和寻泊距离都有所下降[4]。Nourinejad 和 Roorda 基于一对 OD 和一个停车点的出行场景进行分析，结果表明，停车收费价格对需求的影响主要取决于停车时间对价格是否具有弹性，若出行者的停车时间对价格变化具有弹性，则停车收费价格会刺激需求；若缺乏弹性，则价格变化可能会刺激或抑制停车需求[5]。Mo 等利用停车收费价格调整前后的路内停车管理系统数据，分析了停车费用对停车需求的影响。结果表明，停车费用的增加会显著减少停车需求和停车时长[6]。

Khordagui 基于加利福尼亚州的家庭出行调查，分析了停车收费价格对通勤出行小汽车使用的影响。研究发现，较高的停车费能够减少小汽车的使用。当停车费用提高 10%时，通勤出行小汽车使用比例可以降低 1%～2%[7]。Hess 使用多项 Logit 模型研究了通勤者对工作地停车政策的行为反应，分析前往波特兰 CBD（俄勒冈）区域的出行方式选择，包括自驾、合乘和公共交通。结果显示，当停车收费价格由免费变为 6 美元/天时，会有 16%的人不再选择自驾出行[8]。笔者分析了工作日与节假日期间，停车收费价格、公交服务水平因素对居民出行方式选择的影响，并利用非集计模型对停车收费价格敏感程度进行了分析，确定了出行方式选择变化对于停车收费价格变化最为敏感的区间[9]。王曼等通过对假设场景下出行者停车行为的意向调查，来分析停车收费价格变化对出行方式选择的影响，并根据系统最优原则确定了最佳停车收费价格[10]。葛昱等选取北京中心区早高峰时段，建立 Logit 模型对停车收费价格变化下的出行方式转移进行分析，结果表明，不同出行目的的出行者对停车收费价格变化的敏感性不同，提高公共交通服务水平能够降低小汽车的出行比例[11]。

6.2.2　停车收费价格研究

在停车收费价格方面，一些学者对静态停车收费价格进行了研究，Schaller 等建立了基于土地利用和空间利用条件下的停车收费价格策略，结果表明，区域特征特别是现状停车需求和路外停车利用状况对路内停车收费价格制定有很大的影响[12]。Simicevic 等通过问卷调查获得了不同出行目的出行者在停车收费价格变化下的行为反应，并利用停车收费价格弹性系数计算得到车位利用最优时的停车收费价格[13]。Qian 和 Rajagopal 基于对通勤者的停车需求调查，运用线性规划方法得到系统最优的停车收费价格，研究表明，最优停车收费价格的本质是对寻泊时间和停车便利水平的平衡[14]。Wang 等（2020）使用混合整数线性规划（MILP），研究了考虑停车许可管理下的最优停车收费价格问题。结果表明，与传统停车定价模型相比，结合停车收费价格与停车许可的混合模型，在获得停车换乘设施最优停车收费价格方面更为有效[15]。安实等综合考虑停车设施建设成本、停车收费供需情况、停车收费价格接受度等因素，建立了目标为经济效益最优的路外停车库定价模型，并以社会效益最大化为目标，建立了路内停车次优定价模型[16]。冯焕焕和朱从坤从出行者对路内停车收费价格的接受度角度出发，建立了以均衡道路交通量、调节车位供需关系及规范停车行为为目标的路内停车最优定价模型，并以苏州和无锡地区为例进行了路内停车收费价格计算，结果表明，提出的模型能够得到城市中心区路内停车收费的最佳费率[17]。范文博考虑到管理者与出行者的共同利益，建立了用户平衡下不同设施（路内停车、路外停车、停车换乘设施）的停车收费定价模型，结果表明，存在多种类型停车设施市场竞争条件下的收费策略可以降低整体收费水平[18]。胡万欣首先建立了用户最优目标下的城市停车收费定价模型，随后考虑到市场条件下公营与私营停车场之间的博弈，建立了停车双层规划定价模型，结果表明，所提出的停车模型能够提高社会总效益[19]。关宏志等通过停车意向调查，研究了北京市繁华地区小汽车出行者在不同停车收费价格水平下的出行方式选择意向，从停车收费支付意愿角度提出了城市繁华地区停车收费价格标准的制定方法[20]。

诺贝尔经济学奖获得者 William Vickrey 对停车收费价格问题有独特的思考，他首次提议对路内停车设施实行动态收费，并建议停车收费价格应该被设置在"充分减少停车需求，从而保证总有可利用车位提供给那些有支付意愿的人"的水平上[21]。Van Ommeren 和 Russo 采用双重差分法估计了停车费用对通勤出行者停车需求的影响。结果表明，停车费用应根据需求而变化，可以使无谓损失（Deadweight Loss）最小，从而实现效益的最大化[22]。Qian 和 Rajagopal 提出了一个随机控制模型，基于随时间变化的停车需求获得实时停车收费价格。结果表明，所提出的停车定价策略可以减少出行者的总出行时间[23]。Mackowski 等建立了动态非合作双层模型来制定实时停车收费价格，结果表明，所提出的动态停车收费价格模型可以减少停车寻泊、平衡车位的使用、减少因找不到车位而寻泊的车辆数量[24]。Liu 和 Geroliminis 利用宏观路网基本图（MFD）的方法，研究早高峰通勤者的停车寻泊问题，建立了基于用户平衡和系统最优的动态停车定价模型。模型得到的最优停车收费价格不但能使社会成本最小，而且使路网车辆的行驶速度最大[25]。Lei 和 Ouyang 建立了考虑运营者和出行者利益的多期非合作双层模型，并对停车需求的时空变化进行了研究，实例表明，结合停车供需信息的动态停车收费价格会使停车系统运行效果更好[26]。Fabusuyi 和 Hampshire 建立了两阶段面板数据回归与优化模型，以确定随时间变化的停车收费价格，将"SFpark"项目的停车泊位占有率、停车收费价格与通过模型优化的结果进行对比，相比于"SFpark"的实际运行数据，由模型优化得到的处于合理停车占有率区间的道路数量增加了 16%[27]。Fulman 和 Benenson 提出了一种基于地理信息系统的定价算法来确定路内和路外停车收费价格，通过将该算法应用于以色列巴特亚姆市，结果表明，自适应停车收费价格能够使整个区域的停车泊位占有率保持在 90% 以上[28]。Li 等运用双层规划模型对停车收费进行了研究。建立了基于需求时变特征的停车收费价格模型，采用基于梯度下降算法来求解该模型。数值结果显示，实施随时间变化的停车收费价格可以满足不同的停车需求[29]。

6.2.3 停车系统模拟研究

仿真是一种研究停车行为与动态交通之间关系的有效方法，并且可以克服理论模型研究的局限。在停车模拟方面的研究主要包括，Benenson 等提出了基于地理信息系统的停车模拟系统"PARK AGENT"，该系统可以获得寻泊时间、步行距离、停车费等数据的变化，以研究居住区停车供给对停车行为的影响，结果表明，增加停车供给对出行者的寻泊时间、步行距离等影响很小[30]。Steenberghen 等提出基于智能体的停车寻泊模型"SUSTAPARK"，对由停车寻泊引起的道路交通运行状况进行了模拟，从模型中不仅可以获得寻泊时间、停车泊位占有率等指标，还可以识别出停车难（不易找到车位等）的区域[31]。Horni 等利用元胞自动机方法，构建了出行者寻找车位过程的仿真模型，并利用实际调查数据对模型参数进行了估计，仿真结果表明，停车需求和寻泊时间之间的关系是非线性的[32]。Waraich 等在 MATSim 基础上，建立基于智能体方法的停车寻泊行为模型，此模型可以避免以往仿真中寻找车位次数过多的问题，并将寻泊时间、寻泊成本、步行时间等指标嵌入模型中[33]。Levy 和 Benenson 引入"PARKFIT"模型并分析其功能和局限性，这是一种基于城市停车需求和供应的内在异质性估计城市停车模式的新算法，可以评估巴特亚姆市停车需求和停车容量的匹配情况[34]。Gu 等提出了一种宏观和微观结合的停车仿真模型来模拟路内和路外停车运行情况。结果表明，停车泊位占有率、寻泊速度、停车时长是影响出行者停车选择的重要因素[35]。畅芬叶等利用前景理论与 Starlogo 软件对城市商业区停车过程进行仿真表明，调整停车收费价格能够优化停车资源利用，设置路内停车可以缓解停车问题[36]。杜豫川等利用 ARENA 软件进行了校园停车仿真，并对不同停车策略下的实施效果进行了评价，结果表明，需要采取满足停车需求的最优策略对校园停车进行管理[37]。

6.2.4　国内外研究总结

通过以上文献综述可知，国内外学者对停车需求和出行行为、停车收费价格以及停车模拟等方面进行了较多研究，取得一些研究成果。

在停车收费价格对停车需求和出行选择行为的影响研究方面，相关研究通过地理加权回归、广义混合效应差分模型、非集计模型等方法，分析了停车收费价格变化对停车泊位占有率的影响，得到停车收费价格弹性会因不同时段、街区特征及人口地理因素等而不同，同时，停车收费价格的调整会影响小汽车出行者向公共交通转移的比例。

在停车收费价格研究方面，相关研究从静态和动态角度进行了探索。静态停车收费价格研究主要通过线性规划模型和目标优化模型等，综合考虑停车设施建设成本、停车供需情况、停车收费价格接受度等因素，建立停车定价模型。动态停车收费价格研究采用动态非合作双层模型、宏观路网基本图、双层规划模型等方法，基于随时间变化的停车需求获得实时停车收费价格，并分析了动态停车收费价格策略对减少停车寻泊以及平衡停车资源利用的效果。

在停车系统模拟研究方面，相关研究利元胞自动机方法和智能体模型等，分析了停车供给对寻泊时间、步行距离等的影响，揭示了停车需求与寻泊时间的非线性关系。结合宏观和微观视角的仿真模拟评估了停车泊位占有率、寻泊速度和停车时长对出行者停车选择的影响。此外，通过调整停车收费价格和设置路内停车，可以优化停车资源利用，有效缓解停车问题。

合理的停车收费价格对于调控停车供需、缓解交通拥堵等方面有重要作用。目前，研究多集中于停车收费价格对停车需求与出行行为的影响，很少就停车收费价格对停车需求的动态影响变化过程开展分析，尤其是从个体寻泊行为角度出发，就动态停车收费价格对停车需求的调节机理研究较少。

6.3　小结

本章对动态停车定价研究的背景进行了概述，总结了国内外基于停车收费价格对停车需求和出行选择行为的影响研究，以及静态和动态停车定价方法，分析了停车系统模拟方面的相关研究，最后总结了已有研究的不足。

本章参考文献

[1]　北京交通发展研究院．2024 北京市交通发展年度报告［EB/OL］．（2024-08）［2025-02-20］．https：//www. bjtrc. org. cn/List/index/cid/7. html.

[2]　Ottosson D B，Chen C，Wang T，et al. The sensitivity of on-street parking demand in response to price changes：A case study in Seattle，WA［J］. Transport Policy，2013，25(1)：222-232.

[3]　Pu Z，Li Z，Ash J，et al. Evaluation of spatial heterogeneity in the sensitivity of on-street parking occupancy to price change［J］. Transportation Research Part C：Emerging Technologies，2017，77：67-79.

[4]　Alemi F，Rodier C，Drake C. Cruising and on-street parking pricing：A difference-in-difference analysis of measured parking search time and distance in San Francisco［J］. Transportation Research Part A：Policy and Practice，2018，111：187-198.

[5]　Nourinejad M，Roorda M J. Impact of hourly parking pricing on travel demand［J］. Transportation Research Part A：Policy and Practice，2017，98：28-45.

[6]　Mo B，Kong H，Wang H，et al. Impact of pricing policy change on on-street parking demand and user satisfaction：A case study in Nanning，China［J］. Transportation Research Part A：Policy and Practice，2021，148：445-469.

[7]　Khordagui N. Parking prices and the decision to drive to work：Evidence from California［J］. Transportation Research Part A：Policy and Practice，2019，130：479-495.

[8]　Hess D B. Effect of free parking on commuter mode choice：Evidence from travel diary data［J］. Transportation Research Record，2001，1753(1)：35-42.

[9]　秦焕美，关宏志，殷焕焕．停车收费价格对居民出行方式选择行为的影响研究——以北京市居民小汽车、公交、出租车选择行为为例［J］. 土木工程学报，2008，(8)：93-98.

[10]　王曼，吴兵，李林波．基于停车行为的定价策略研究［J］. 山东交通学院学报，2008，(3)：37-40，55.

[11]　葛昱，李伟，张秀媛．城市中心区内停车收费价格对出行行为的影响分析［J］. 数学的实践与认识，2010，40(3)：43-47.

[12]　Schaller B，Maguire T，Stein D，et al. Parking pricing and curbside management in

New York City[R]. 2011.

[13] Simićević J, Milosavljević N, Maletić G, et al. Defining parking price based on users' attitudes[J]. Transport Policy, 2012, 23: 70-78.

[14] Qian Z S, Rajagopal R. Optimal dynamic parking pricing for morning commute considering expected cruising time[J]. Transportation Research Part C: Emerging Technologies, 2014, 48: 468-490.

[15] Wang J, Wang H, Zhang X. A hybrid management scheme with parking pricing and parking permit for a many-to-one park and ride network[J]. Transportation Research Part C: Emerging Technologies, 2020, 112: 153-179.

[16] 安实, 马天超, 尹缙瑞. 我国城市停车收费定价模型研究[J]. 哈尔滨工业大学学报, 2000, (2): 65-69.

[17] 冯焕焕, 朱从坤. 我国城市中心区路边停车收费定价模型研究[J]. 交通运输系统工程与信息, 2008, 8(5): 129-135.

[18] 范文博. 用户均衡条件下 3 类停车设施收费定价模型[J]. 重庆交通大学学报(自然科学版), 2013, 32(4): 656-658.

[19] 胡万欣. 市场化条件下城市中心区机动车停车收费定价策略研究[D]. 成都: 西南交通大学, 2014.

[20] 关宏志, 李洋, 秦焕美, 等. 基于 TDM 概念调节大城市繁华区域出行方式的调查分析——以停车收费价格调节出行方式为例[J]. 北京工业大学学报, 2006, (4): 338-342.

[21] Vickrey W. The economizing of Curb Parking Space[J]. Traffic Engineering, 1954 (11): 62-67.

[22] Van Ommeren J, Russo G. Time-varying parking prices[J]. Economics of Transportation, 2014, 3(2): 166-174.

[23] Qian Z S, Rajagopal R. Optimal occupancy-driven parking pricing under demand uncertainties and traveler heterogeneity: A stochastic control approach[J]. Transportation Research Part B: Methodological, 2014, 67: 144-165.

[24] Mackowski D, Bai Y, Ouyang Y. Parking space management via dynamic performance-based pricing[J]. Transportation Research Part C, 2015, 59: 66-91.

[25] Liu W, Geroliminis N. Modeling the morning commute for urban networks with cruising-for-parking: An MFD approach[J]. Transportation Research Part B, 2016, 93: 470-494.

[26] Lei C, Ouyang Y. Dynamic pricing and reservation for intelligent urban parking management[J]. Transportation Research Part C: Emerging Technologies, 2017, 77: 226-244.

[27] Fabusuyi T, Hampshire R C. Rethinking performance based parking pricing: A case study of SFpark[J]. Transportation Research Part A: Policy and Practice, 2018, 115: 90-101.

[28] Fulman N, Benenson I. Establishing heterogeneous parking prices for uniform

parking availability for autonomous and human-driven vehicles[J]. IEEE Intelligent Transportation Systems Magazine, 2018, 11(1): 15-28.

[29] Li Z, Huang H, Lam W H K, et al. Optimization of time-varying parking charges and parking supply in networks with multiple user classes and multiple parking facilities[J]. Tsinghua science and technology, 2007, 12(2): 167-177.

[30] Benenson I, Martens K, Birfir S. PARKAGENT: An agent-based model of parking in the city[J]. Computers Environment & Urban Systems, 2008, 32(6): 431-439.

[31] Steenberghen T, Dieussaert K, Maerivoet S, et al. SUSTAPARK: An Agent-based Model for Simulating Parking Search[J]. Journal of the Urban & Regional Information Systems Association, 2012, 24(1).

[32] Horni A, Montini L, Waraich R A, et al. An agent-based cellular automaton cruising-for parking simulation[J]. Transportation Letters, 2012, 5(4): 167-175.

[33] Waraich R A, Dobler C, Axhausen K W. Simulating parking search[C]//13th Swiss Transport Research Conference (STRC 2013). 2013.

[34] Levy N, Benenson I. GIS-based method for assessing city parking patterns[J]. Journal of Transport Geography, 2015, 46: 220-231.

[35] Gu Z, Safarighouzhdi F, Saberi M, et al. A macro-micro approach to modeling parking[J]. Transportation Research Part B: Methodological, 2021, 147: 220-244.

[36] 畅芬叶, 谢秉磊, 王志利. 基于多智能体的停车选择行为仿真研究[J]. 武汉理工大学学报(交通科学与工程版), 2012, 36(6): 1283-1287.

[37] 杜豫川, 吴沁, 俞山川. 基于 ARENA 的校区停车仿真模型及策略研究[J]. 交通与运输(学术版), 2017, (1): 82-86.

第7章 停车收费价格接受意愿和意向调查

7.1 停车收费价格接受意愿和行为调查与分析

7.1.1 调查地点概述

城市中心商业区是停车问题较为突出的区域之一，北京市东城区崇文门新世界百货商场作为大型综合购物中心，是北京市较为繁华的商业区之一，经营面积 9.3 万 m²。这里选取崇文门新世界百货商场（以下简称"新世界百货"）及周边区域作为调查地点，调查范围是以新世界百货为中心，东到北花市大街和南花市大街，西到祈年大街，南到珠市口东大街和广渠门内大街，北到崇文门西大街和崇文门东大街，如图 7-1 所示。

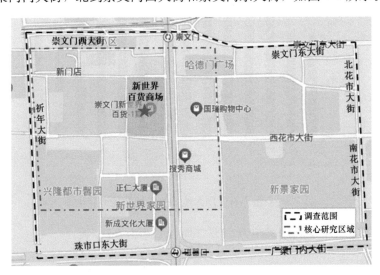

图 7-1 调查区域及周边用地情况

新世界百货配建地下停车库共有两层，地下二层有停车位 300 个，地下三层有停车位 400 个，共计 700 个，地下二层停车位主要面向员工，仅在周末及节假日对外开放，地下三层停车位面向购物者，停车收费白天（7:00～21:00）为 1.5 元/15min，夜间（21:00～次日 07:00）为 2.5 元/30min。职工包月停车费用为 900 元/月。地下停车场采用电子计费和人工收费两种方式进行收费。附近路内停车收费价格白天（7:00～21:00）为首小时 2.5 元/15min，首小时后为 3.75 元/15min。商场及周边停车供需矛盾突出，路边违章停车现象比较严重，见图 7-2。

图 7-3 为新世界百货周末地下停车场利用率变化图，可以看出，周末停车场利用率比较高，在 75% 以上，高峰时段可以达到 93%，仅在 11:00 之前和 20:00 之后停车场利用

图 7-2 新世界百货周边违章停车情况

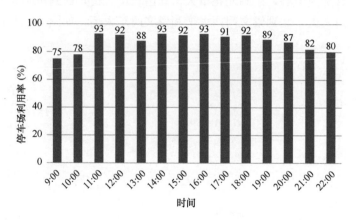

图 7-3 新世界百货周末地下停车场利用率变化图

率较低。停车场全天平均利用率约为 85％，周转率约为 5 次/天。

7.1.2 调查内容

1. 个人基本信息

个人基本信息包括性别、职业、月收入、同行人数等。

2. 停车行为调查

停车行为调查的内容包括本次出行的停车目的、停车时间、停车后步行距离、停车费用支付方式、寻泊时间等。

3. 停车收费价格可接受意愿和停车选择意向

停车收费价格可接受意愿包括对路内停车和路外停车可接受的最高停车收费价格，给出价格选项。

停车选择意向为假设出行者本次出行首选的为路内停车，而路内停车泊位紧张，拟提高停车收费价格，在一定的停车收费价格变化情况下的选择意向。如果路内停车收费价格相对当前停车收费价格的变化水平分别为"增加 1 元/h""增加 3 元/h""增加 5 元/h""增加 8 元/h""增加 10 元/h",询问每种假设情况下的选择意向,选项包括"仍停在路内""停在路外停车场""改变出行时间""改变出行目的地""取消出行"。

同时,假设路外停车与路内停车具有一定的价格差异且具有不同的停车后步行距离,给出停车位置选择意向,路外停车收费价格与路内停车收费价格相比的变化水平包括相同、低 1 元/h、低 3 元/h、低 5 元/h、低 9 元/h。路外停车与路内停车的停车后步行距离相比的变化水平分别为"相同""长 50m""长 100m""长 150m""长 200m"。将路外停车与路内停车的停车收费价格差异和停车后步行距离差异进行组合,询问每种情况下的停车位置选择意向,选项包括"路内停车"和"路外停车"。

最后,调查内容还包括对停车寻泊和等待时间的可接受意愿,及对实施浮动式停车收费策略的赞同度和价格接受意愿,以及对调价时间间隔和信息发布方式的选择意向。

4. 停车寻泊调查

为了了解新世界百货周边的停车寻泊现象,采用视频调查法,将 5 台摄像机架设在周边道路两侧,如图 7-4 所示,可以采集寻泊车辆的车牌等信息,进而分析出行者的停车寻泊情况。

图 7-4　视频调查摄像机放置位置示意图

问卷调查于 2015 年 5 月 13—16 日进行,调查对象为新世界百货附近的小汽车停车者。调查共收集问卷 120 份。视频调查于 2015 年 4 月 19 日(周日)上午高峰时段(10:00~12:00)进行。

7.1.3　个人信息和停车行为数据初步分析

1. 个人基本信息

小汽车出行者中男性占比较大,为 80%。出行者中企事业单位人员占比较高,达到52%,其他职业分布比较均匀,专业技术人员占比为 21%,自由职业者和其他人员占比为 27%。个人月收入在 5000 元以内的小汽车出行者占比为 34%,月收入在 5000~8000元的出行者占比较高,达到 61%,而月收入在 3000~8000 元的小汽车出行者所占比为

94%。小汽车出行者中，同行人数为 0 人和 1 人的居多，分别占 50% 和 31%，同行人员为 2 人的仅占 19%，小汽车出行者平均同行人数为 0.7 人/辆。

2. 停车行为分析

如图 7-5 所示，在被访者的停车目的分布中，77% 的人主要为购物和餐饮娱乐，仅有 21% 的人停车目的是办事。如图 7-6 所示，停车时间为 1h 的人最多，占 48%，停车时间在 1h 以内的出行者占 67%，停车时间超过 2.5h 的比例较小，为 3%，出行者主要选择地下停车库，这是由于核心商业区的路边停车收费价格较高，地下停车相对便宜。

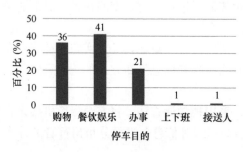

图 7-5　本次出行的停车目的

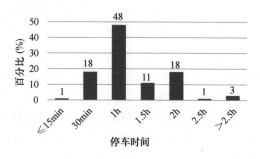

图 7-6　本次出行的停车时间

如图 7-7 所示，小汽车出行者停车后到达目的地的步行距离在 150m 以内的占比为 73%，这说明，商业区大部分出行者会在出行目的地附近就近选择停车，步行距离超过 150m 的出行者仅占 27%。如图 7-8 所示，90% 的人是自己支付停车费，仅有 7% 的人能够通过消费减免停车费，能够报销停车费的人仅占 3%。

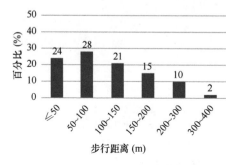

图 7-7　停车后到达目的地的步行距离

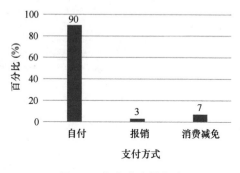

图 7-8　停车费支付方式

如图 7-9 所示，到商业区的出行者选择停车位置的主要原因是有车位可停和距离目的

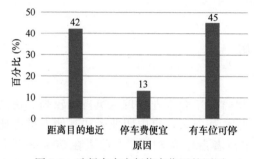

图 7-9　选择本次出行停车位置的原因

地近，分别占 45% 与 42%，其次是由于停车费便宜。因此，对于商业区停车者来说，是否能够就近停车是其主要的考虑因素。

根据视频录像数据，提取商场周边道路上驶过的车辆车牌号和到达该摄像机拍摄位置的时间，共得到 726 辆车信息，通过车牌号匹配得到调查时间段内有 73 辆车出现寻泊现象，寻泊车辆速度较低，平均寻泊时间为 2.2min。

图 7-10 为通过问卷调查获得的寻泊时间分布，有 48％的被访者可以随到随停，有 43％的人需要 1～5min 找到车位，超过 5min 找到车位的人比较少，平均寻泊时间约 2min，与视频录像数据基本吻合。商业区高峰时段停车需求较大，但是由于很多车辆在附近空地违章停车，所以停车寻泊时间相对较短。

最大可接受的寻泊和等待时间如图 7-11 所示，有 48％的人最大可接受的寻泊和等待时间为 5～10min，最大可接受的寻泊和等待时间在 15min 以内的占比为 87％，仅有 13％的人最大可接受寻泊等待时间超过 15min，说明大部分人很难接受长时间寻找车位或等待空车位停车。

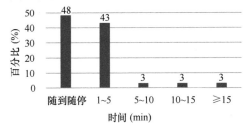

图 7-10　寻泊时间分布

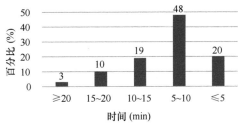

图 7-11　最大可接受的寻泊和等待时间

综上所述，商业区小汽车出行者以购物、餐饮娱乐为主要出行目的；停车时间在 1h 以内的人居多；停车费大多为自己支付；大部分出行者停车后到达目的地的步行距离在 150m 以内；选择停车位置时以就近且有空车位为其主要的考虑因素。高峰时段仍有部分出行者需要花费一定的时间寻找车位，大多数人很难接受超过 15min 的寻泊和等待车位的时间。

7.1.4　停车收费价格可接受意愿及停车选择意向分析

1. 停车收费价格可接受意愿分析

如图 7-12 所示，小汽车出行者最大可接受的路内停车收费价格为 20 元/h 的占比最大，为 54％。总体上看，有 69％的人可接受的最大路内停车收费价格在 20 元/h 以内，90％的人可接受的最大路内停车收费价格为 25 元/h 以内，仅有 10％的人可接受的最大路内停车收费价格为 30 元/h。由此可见，多数人还是愿意接受较低的路内停车收费价格，大部分人不能接受高于 25 元/h 的停车收费价格。

如图 7-13 所示，小汽车出行者中最大可接受的路外停车收费价格为 20 元/h 以内的占比为 85％，仅有 15％的人可接受的路外停车收费价格为 25 元/h，说明大部分人不能接受高于 20 元/h 的路外停车收费价格。

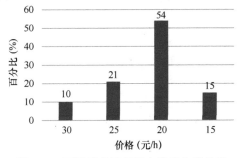

图 7-12　可接受的最高路内停车收费价格

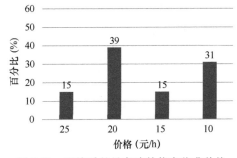

图 7-13　可接受的最高路外停车收费价格

如图 7-14 所示，如果出行者本次出行首选的停车位置为路内停车，而路内停车泊位紧张，拟提高停车收费价格，随着路内停车收费价格的增加，仍选择路内停车的比例逐渐减少。调查时路内停车收费价格为 10 元/h，当路内停车收费价格提高 2 元/h，即路内停车收费价格为 12 元/h 时，有 20％的人会转向路外停车。当路内停车收费价格增加 3 元/h，即路内停车收费价格为 13 元/h，有 33％的人转向路外停车。当路内停车收费价格增加 8 元/h，即路内停车收费价格为 18 元/h，选择路内停车的出行者很少，转向选择路外停车的占 50％，而选择改变出行时间、避开停车高峰时段出行的占 20％，选择改变出行目的地的占 20％，另外，有 10％的人会取消本次出行，而且随着路内停车收费价格的继续增加，取消出行的人越来越多，这说明，路内停车收费价格的浮动变化可以有效改变出行者的停车和出行选择行为。

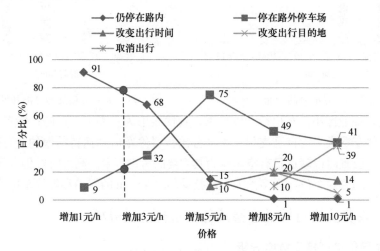

图 7-14 提高路内停车收费价格下的停车和出行选择

如图 7-15 所示，当路外与路内停车收费价格和停车后步行距离不同的情况下，随着路外停车收费价格比路内低得越多，选择路外停车的比例越来越大，选择路内停车的比例越来越小。当路外停车收费价格比路内低 5 元/h 且停车后步行距离增加 150m 时，选择路

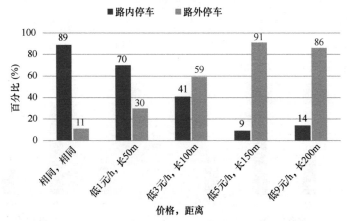

图 7-15 路外与路内停车相比，在不同的停车收费价格和
停车后步行距离下的停车选择

外停车的比例为 91%，但随着路外停车后步行距离的继续增加，选择路外停车的比例开始降低，当路外停车收费价格比路内低 9 元/h 且停车后步行距离增加 200m 时，选择路外停车的比例为 86%，所以，人们更愿意选择价格便宜且距离较近的路外停车位置，且路外停车收费价格较路内低 5 元/h 且停车后步行距离增加 150m 时，转向路外停车的比例最大。

2. 对浮动式停车收费价格的接受意愿和实施方案建议

如果实施浮动式停车收费价格，在不同的时段，采用不同的路内停车收费价格。即在停车泊位利用率较高时提高停车收费价格，在停车泊位利用率较低时降低停车收费价格，使出行者到达就有车位可停，减少寻泊交通，如图 7-16 所示，如果实施浮动式停车收费价格，出行者的赞同程度比例分布，91% 的人赞同实施浮动式停车收费价格方案，仅有 9% 的人不赞同。

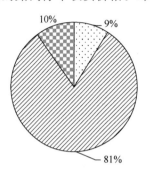

□非常赞同 ▨赞同 ▥不赞同

图 7-16　对实施浮动式停车收费价格的赞同程度

如图 7-17 所示，如果实施浮动式停车收费价格，对停车收费价格调整的时间间隔的建议，建议 1 个月调整一次停车收费价格的占 46%，建议 3 个月调整一次停车收费价格的占 39%，所以，大多数人赞同 1～3 个月调整一次停车收费价格，共占 85%。

如图 7-18 所示，对实施浮动式停车收费价格的信息发布方式建议，53% 的人建议通过手机发布浮动式停车收费价格信息，也有 38% 的人建议通过手机可变信息板发布停车收费价格信息，这说明，手机和可变信息板是实施浮动式停车收费价格推荐的信息发布方式。

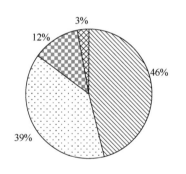

□1个月/次 ▨3个月/次 ▥半年/次 ▧1年/次

图 7-17　浮动式停车收费价格调整时间间隔建议

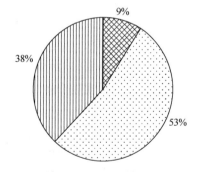

▧网站 ▥手机 □可变信息板

图 7-18　实施浮动式停车收费价格的信息发布方式建议

相关研究结果显示[1]，停车泊位利用率最好保持在 60%～80%，若一段时间内停车泊位利用率大于 80%，应提高停车费率，若一段时间内停车泊位利用率小于 60%，应降低停车费率。区域内停车泊位利用情况信息通过智能停车系统进行数据采集，并定期进行汇总分析，按分析结果调整停车收费价格，并通过手机和可变信息板及时发出。根据以上调查数据分析及停车过程成本分析，制定路内浮动式停车收费价格建议方案，如表 7-1 所示。

路内浮动式停车收费价格建议方案　　表 7-1

停车利用率	首小时停车收费价格调整	调整时间间隔	信息发布方式
80%～100%	提高 2 元		
60%～80%	保持不变	建议 3 月 1 次	手机、可变信息板
30%～60%	降低 2 元	（最多每月 1 次）	
小于 30%	降低 4 元		

综上所述，大部分人可以接受的最大路内停车收费价格为 25 元/h，可以接受的最大路外停车收费价格为 20 元/h。路内停车收费价格的浮动变化可以有效改变出行者的停车和出行选择行为，当路内停车收费价格提高 2 元/h 时，会有 20% 的人转向路外停车。人们更愿意选择价格便宜且距离较近的路外停车位置，当路外停车收费价格较路内停车收费价格低 5 元/h 且停车后步行距离增加 150m 时，转向路外停车选择的比例最大。大多数人赞同实施浮动式停车收费价格，并建议 1～3 个月调整一次停车收费价格比较合适，手机和可变信息板是实施浮动式停车收费价格推荐的信息发布方式。

7.1.5　基于寻泊过程的停车成本分析

为了分析停车寻泊过程的成本，这里定义路内停车成本由寻泊油耗成本、寻泊过程车内人的时间成本、停车后步行时间成本以及停车费组成。路外停车成本假设不存在寻泊过程，则停车过程成本由停车后步行时间成本以及停车费用构成。路内停车成本和路外停车成本计算公式分别为：

$$P_a = cf + nv_1c + nv_2k_1 + ht \tag{7-1}$$

$$P_b = nv_2k_2 + mt \tag{7-2}$$

式中　　P_a——路内停车过程成本（元）；

$\quad\quad P_b$——路外停车过程成本（元）；

$\quad\quad c$——路内停车寻泊时间（h）；

$\quad\quad f$——寻泊时油耗价格（元/h）；

$\quad\quad n$——车载人数（人）；

$\quad\quad v_1$——车内出行时间价值 [元/（人·h）]；

$\quad\quad v_2$——车外出行时间价值 [元/（人·h）]；

$\quad\quad k_1$——路内停车步行时间（h）；

$\quad\quad k_2$——路外停车步行时间（h）；

$\quad\quad h$——路内停车收费价格（元/h）；

$\quad\quad m$——路外停车收费价格（元/h）；

$\quad\quad t$——停车时间（h）。

根据图 7-14 停车收费价格与路内停车选择比例的关系，随着路内停车收费价格的提高，由于停车成本的增加，会有一部分小汽车出行者转向其他位置停车或改变出行选择，路内停车设施会有一部分空车位，此时，寻泊时间将会减少或者没有寻泊。假设停车泊位利用率为 80% 时，车辆到达即能有空车位可停，寻泊现象很少，可以进一步得到停车收费价格、路内停车泊位利用率和寻泊时间之间关系，如图 7-19 所示。可以看出，寻泊时间随着路内停车泊位利用率的增加而增加，当路内停车收费价格提高 2 元/h，即路内首小时停车收费为 12 元/h，路内停车泊位利用率会达到 80%，此时，寻泊现象较少。

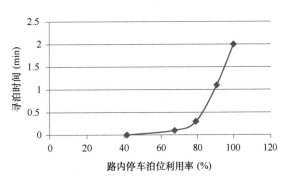

图 7-19　寻泊时间与路内停车比例的关系图

假设路外停车收费价格不变，且停车位没有达到饱和，设路内停车首小时收费价格变化区间为 0.5 元/15min～5.5 元/15min，首小时后价格变化为 1.5 元/15min～6 元/15min，变化幅度均为 0.5 元/15min，同时取 $f=60$ 元/h，$n=2$ 人，人的步行速度为 1.2m/s，$k_1=104$m，$k_2=142$m。借鉴相关研究成果，$v_1=56.20$ 元/(人·h)，$v_2=30.14$ 元/(人·h)[2]，得到不同停车时长下，路内停车成本和路外停车成本随路内停车收费价格变化的趋势，如图 7-20 所示。

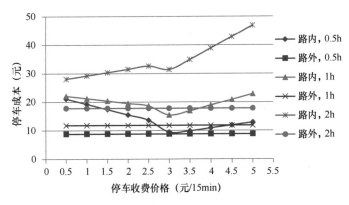

图 7-20　停车成本随路内停车收费价格变化的趋势

从图 7-20 可以看出，总体上，路内停车成本大于路外停车成本，尤其当停车时间较长时，路内停车成本比路外大很多，也可以解释长时间停车者更愿意选择路外停车来节约停车成本。当停车时间较短时，路内停车成本与路外停车成本差异较小，停车者此时更愿意选择路内停车。

对于停车时长为 0.5h 和 1h 的情况，当路内停车收费价格较低时，由于存在较多的停车寻泊现象，因此，实际的路内停车成本大于路外停车成本，但是停车者没有意识到由于寻泊产生的额外停车成本；当路内停车收费价格提高后，寻泊现象减少，路内停车成本减少，当首小时停车收费价格达到 12 元/h 时，基本上没有寻泊，此时路内停车成本最低，并与路外停车成本最接近。此后，随着路内停车收费价格的增加，虽然没有寻泊，路内停车成本随停车收费价格的增加也逐渐增加。

对于停车时长为 2h 的情况，由于停车时间较长，停车费用成本在整个停车过程成本中占比增加，因此，总体上看，路内停车成本随着停车收费价格的增加而增加，停车收费价格增加而导致寻泊成本减少，但不能使总停车成本明显减少。

7.2 停车收费价格浮动变化下停车位置选择意向调查与分析

7.2.1 调查地点概述

本次调查选取了北京市朝阳区双井家乐福购物商场为调查地点，家乐福购物商场位于广渠路与西大望路交叉口的西北角，地理位置优越，周边交通便利。商场所在的双井商圈是北京市的一个重要商业区域，周边有多个购物中心和居民区，人流量大，商业活动频繁。

双井家乐福购物商场作为大型综合超市，建筑面积约5万 m^2。现行路内停车收费标准为白天（7:00—21:00）首小时1.5元/15min，首小时后为2.25元/15min。其周边路内停车分布情况如图7-21所示。

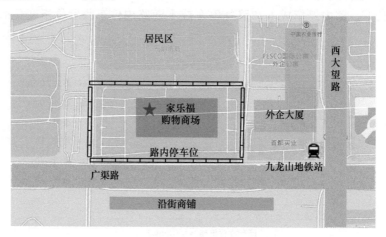

图 7-21　北京双井家乐福购物商场及周边路内停车分布情况

7.2.2 调查内容

1. 个人基本信息

主要包括性别、年龄、职业、月收入等。

2. 停车收费价格浮动变化下的停车位置选择意向调查

意向调查是假定条件下的意向选择，这里以北京双井家乐福购物商场及附近停车情况为背景构建出行情景，假设出行者要前往某商场，目的地周边有6个路内停车路段，各个路段到目的地的步行距离不同。基于该出行情景，对不同的路段设置不同的停车收费价格、空车位数、停车后步行距离，询问被访者的停车位置选择意向。

根据停车行为调查可知，大多数出行者能够接受的路内停车收费价格是20元/h以内。因此，路内停车收费价格浮动变化设置了4个变化水平，分别为10元/h、13元/h、17元/h、20元/h。

停车泊位占有率能够反映停车设施的利用情况，为当前已使用泊位数量与总泊位数量的比值。为了方便被访者理解，在本调查中用剩余泊位数来表征停车设施的利用情况。由

于每个路段的泊位数设置为 20 个，因此，剩余泊位数为 0～20 个。这里将空车位数设置
5 个变化水平，分别为 2 个、6 个、10 个、13 个、16 个。

停车后步行距离由路段所在的位置确定，为各路段中心点与目的地沿道路步行的距
离，通过测量，包括 50m、100m、150m 三个步行距离水平。

根据以上三个主要的因素及水平，利用正交设计进行因素水平组合，同时将无显著性
差异的组合删除，得到 6 个不同因素组合的假设情景，如表 7-2 所示，将每种假设情景下
的因素信息呈现在出行情景图上，并呈现给被访者，如图 7-22 所示。每个被访者需要完
成 2 个假设情景的意向选择问题，在每个情景下对首选的停车路段做出选择。

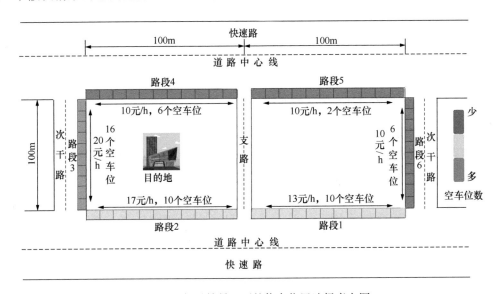

图 7-22　假设情景 2 下的停车位置选择意向图

停车位置选择意向调查情景设计方案　　　　　　　　　　　　　　表 7-2

假设情景	影响因素	路段 1	路段 2	路段 3	路段 4	路段 5	路段 6
假设情景 1	价格（元/h）	10	13	10	20	20	13
	空车位数（个）	2	2	10	6	16	6
	步行距离（m）	100	50	50	50	100	150
假设情景 2	价格（元/h）	13	17	20	10	10	10
	空车位数（个）	10	10	16	6	2	6
	步行距离（m）	100	50	50	50	100	150
假设情景 3	价格（元/h）	17	20	13	17	13	10
	空车位数（个）	16	16	2	6	10	2
	步行距离（m）	100	50	50	50	100	150
假设情景 4	价格（元/h）	10	17	20	13	13	20
	空车位数（个）	2	6	10	2	10	16
	步行距离（m）	100	50	50	50	100	150

假设情景	影响因素	路段1	路段2	路段3	路段4	路段5	路段6
假设情景5	价格（元/h）	17	20	10	13	13	10
	空车位数（个）	10	10	6	2	6	2
	步行距离（m）	100	50	50	50	100	150
假设情景6	价格（元/h）	20	10	10	13	10	17
	空车位数（个）	16	2	10	6	6	16
	步行距离（m）	100	50	50	50	100	150

停车收费价格浮动变化下的停车位置选择意向调查时间为 2018 年 5 月 4 日—5 月 14 日。调查对象为具有驾驶经验的小汽车出行者，共回收调查问卷 214 份，其中，有效调查问卷 202 份。

7.2.3　个人信息和停车位置选择初步分析

1. 个人基本信息

被访者中男性占比为 70%，女性占比为 30%。出行者的年龄段主要分布在 26～45 岁，占比为 76%，其中，26～35 岁占比为 47%，36～45 岁占比为 29%。从职业分布可以看出，事业、科研单位人员占 11%，专业技术人员占 11%，自由职业者占 20%，企业单位人员占 37%。调查样本中，月收入在 2000～5000 元的出行者占 24%，月收入在 5000～12000 元的出行者占 63%，在 12000 元以上的出行者占 10%。

2. 不同假设情景下的停车位置选择结果

由图 7-23 可以看出，出行者在停车位置选择中，停车收费价格是一个重要的影响因素，在 6 个假设情景中，出行者选择停车收费价格较低的路段占比较高。在假设情景 4 下，选择在空车位较多的路段 5 进行停车的出行者数量高于选择空车位数较少的路段 4 的数量。在假设情景 2 下，路段 4 和路段 6 的停车收费价格与空车位数相同，但出行者更愿意选择距目的地较近的路段 4 停车。这表明，除了停车收费价格外，路内停车泊位利用情况（空车位数）和停车后步行距离也是影响出行者停车决策的重要因素。基于以上分析，可以得出，在出行过程中，停车行为受到多个因素的影响，出行者在综合考虑各个因素的基础上做出停车决策。

7.2.4　停车收费价格浮动变化下的停车位置选择模型

为了分析不同停车收费价格、空车位数、与目的地距离等因素对出行者初始停车位置选择的影响，基于效用理论，利用多项 Logit 模型建立多因素影响下的停车位置选择模型。效用是指选择者从每个选择项中获得的满足感，出行者在决策时遵循效用最大化假设[3]。

利用停车位置选择意向调查数据，以不同的停车位置即路段作为选择肢，停车收费价格、空车位数等影响因素为特征变量，建立停车位置选择模型，标定结果如表 7-3 所示。

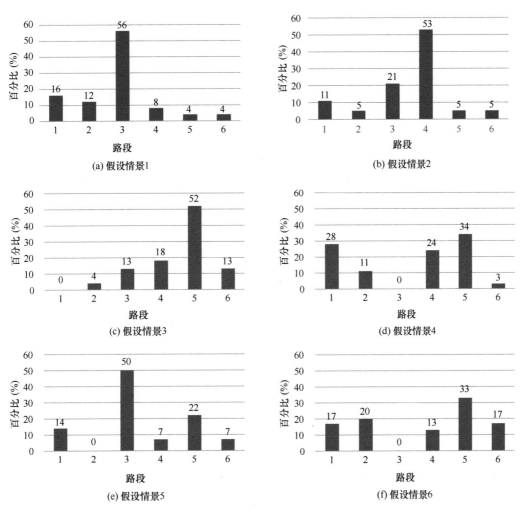

图 7-23　不同假设情景下的停车位置选择比例分布

停车位置选择模型标定结果　　　　　　　　　　　表 7-3

变量	参数值	T 检验值
常数项	0.330 *	1.68
月收入	0.480 ***	2.69
空车位数	0.150 ***	5.77
停车收费价格	−0.282 ***	−8.51
停车后步行距离	−0.004 ***	−2.73
$L(0)$	−315.35	
$L(\theta)$	−267.98	
$-2L(0)-L(\hat{\theta})$	94.75	
优度比 ρ^2	0.24	
修正优度比 $\bar{\rho}^2$	0.21	

注：*、**、*** 分别表示在 90%、95% 和 99% 的置信水平上显著。

模型标定结果中的 ρ^2 为优度比，ρ^{-2} 为修正优度比，这两个指标用于评估模型的整体拟合度，当取值达到 0.2～0.4 时，则可以认为模型精度较高，拟合程度较好。由表 7-3 可知，停车位置选择模型标定得到的优度比为 0.24，修正优度比为 0.21，说明模型总体上拟合程度较好，能够对出行者的停车位置选择行为进行较好的描述。

从参数标定结果可以看出，出行者的月收入、停车收费价格、空车位数和停车后到目的地的步行距离都对停车位置选择有显著影响。从 T 检验值大小可知，停车收费价格的变化对停车位置选择行为的影响最大，路内空车位数的影响程度次之，停车后步行距离对出行者停车位置选择行为影响最小。此外，月收入、空车位数的系数为正，停车收费价格和到目的地距离的系数为负，这表明，某路段的停车收费价格越低、空车位数越多，出行者越愿意选择在此位置停车；而路段的停车收费价格越高、停车后到目的地的步行距离越远，越不倾向于选择在此处停车。

总体来看，停车收费价格是停车位置决策过程中最重要的影响因素，因此，可以在调节停车需求方面起到有效作用；其次，路段距目的地距离、泊位利用情况也会对停车选择行为产生影响。

7.3 小结

本章以北京市新世界百货商场和家乐福购物商场为调查地点，以小汽车出行者为调查对象，进行了停车行为、停车收费价格接受意愿、停车收费价格浮动变化下的停车位置选择意向调查，并对数据进行了初步分析，对寻泊过程的停车成本进行了深入研究，建立了停车收费价格浮动变化下的停车位置选择模型，分析了停车收费价格、泊位利用情况、停车位置到目的地距离等主要因素对停车选择行为的影响。调查数据和分析可以为停车模拟平台参数和行为规则的设置提供支撑。

本章参考文献

[1] Millard-Ball A，Weinberger R R，Hampshire R C. Is the curb 80% full or 20% empty? Assessing the impacts of San Francisco's parking pricing experiment[J]. Transportation Research Part A：Policy and Practice，2014，63：76-92.

[2] 秦萍，陈颖翔，徐晋涛，等. 北京居民出行行为分析：时间价值和交通需求弹性估算 [J]. 经济地理，2014，34(11)：17-22.

[3] 关宏志. 非集计模型：交通行为分析的工具[M]. 北京：人民交通出版社，2004.

第8章 浮动式停车收费价格应用实例及分析

8.1 浮动式停车收费价格应用实例

浮动式停车收费价格作为一种创新理念逐渐受到关注，它根据停车需求的时空变化特性，定期对不同类型停车设施的停车收费价格进行动态调整，以此均衡区域内停车资源利用，使停车泊位占有率保持在理想的水平上，一般为 60%~80%[1]，使得到达车辆有位可停，以此来减少寻泊交通，均衡区域停车和交通需求分布，促进停车资源的有效利用，解决区域交通拥堵问题。目前在美国旧金山、中国台北等少数几个地方得到了试点应用。

1. 美国旧金山的"SFpark"项目

旧金山市的"SFpark"项目是美国目前最大规模的路边停车改革项目。2008 年 11 月，美国旧金山启动了"SFpark"试点项目[2]，到 2010 年夏天，旧金山市交通局（SFMTA）耗资 2475 万美元对旧金山 25000 个路边停车泊位中的 6000 个车位进行停车改革，这些车位分布在 7 个试点区域。试点区域使用浮动式停车收费价格，通过车位传感器获得车位使用情况信息，在试点区域内实施浮动式停车收费价格机制，根据停车需求动态调整停车收费价格，需求量较大时停车收费价格提高；需求量较小时停车收费价格降低，从而使停车设施的空车位数保持在一定水平上并平衡停车资源的利用，"SFpark"的停车管理政策示意图如图 8-1 所示。

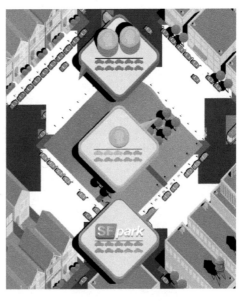

图 8-1 "SFpark"的停车管理政策示意图

资料来源：San Francisco Municipal Transportation Authority. SFpark: Putting Theory into Practice [EB/OL]. 2011 [2013-05-09]. http://sfpark. org/wp-content/uploads/2011/09/sfpark _ aug2011projsummary _ print-2. pdf.

"SFpark"项目的核心是一个数据管理系统，它将停车位的远程网络阵列传感器收集的大量数据进行分类。旧金山市于 2009 年安装了新型电子多功能咪表，如图 8-2 所示，并于 2010 年开始使用附着在路面上的停车传感器，如图 8-3 所示。这些无线传感器可以检测停车泊位是否被车辆占用，并实时向中央计算机报告停车泊位占用信息。

2011 年 4 月，旧金山市正式试点推出实时停车查询 APP，如图 8-4 所示，通过现代化信息技术将动态停车收费信息发布给出行者，以便于小汽车出行者更易找到车位，减少寻找车位的时间，并且"SFpark"支持更方便的支付方式，包括信用卡、预付 SFMTA 智能卡和现金等。

图 8-2 "SFpark"项目新型电子多功能咪表

图 8-3 "SFpark"项目停车传感器系统分布

资料来源：San Francisco Municipal Transportation Authority. SFpark：Putting Theory into
　　　　 Practice［EB/OL］. 2011［2013-05-09］. http：//sfpark. org/wp-content/up-
　　　　 loads/2011/09/sfpark_ aug2011projsummary_ print-2. pdf.

　　"SFpark"项目试点区域咪表车位和停车库费率调整方案如表 8-1 所示。停车费率
将在一天中的不同时段和特殊活动期间有不同的价格，以实现预期的停车泊位占有率
或可用性目标。路内咪表车位在一天内分为三个时段定价：营业～12：00、12：00～
15：00、15：00～结束。

图 8-4 "SFpark"项目停车查询 APP 界面

资料来源：San Francisco Municipal Transportation Authority. SFpark：Putting Theo-
ry into Practice［EB/OL］. 2011［2013-05-09］. http：//sfpark. org/
wp-content/uploads/2011/09/sfpark _ aug2011projsummary _ print-2. pdf.

"SFpark"项目试点区域咪表车位和停车库费率调整方案 表 8-1

类型	停车泊位占有率	小时费率调整	调整幅度	调整时间
咪表车位	80%～100%	提高 0.25 美元	费率调整幅度为 0.25～6 美元/h，每次增幅不超过 0.5 美元	最多每月一次
	60%～80%	保持不变		
	30%～60%	降低 0.25 美元		
	小于 30%	降低 0.5 美元		
特殊事件（比赛、音乐会和会议等事件）的地区	大于 35%	提高 0.5 美元	费率调整幅度为 0.25～18 美元/h	
	10%～35%	保持不变		
	小于 10%	降低 0.5 美元		
停车库	80%～100%	提高 0.5 美元	费率调整幅度为 0.1～10 美元/h，同时允许淡季 0.5～2.5 美元/h 的折扣	调整在每个季度的开始之日进行
	40%～80%	保持不变		
	小于 40%	降低 0.5 美元		

资料来源：苏奎，郑喜双，招玉华. 美国旧金山停车管理的浮动价格制分析［J］. 综合运输，2014，（9）：76-80.

"SFpark"试点项目报告指出，"SFpark"项目通过调整停车收费价格重新分配停车需求，停车寻泊时间减少了 43%，每日车辆行驶里程减少了 30%[3]。项目实施以来，越来越多的咪表车位保持在 60%～80%的合理利用率水平上，使得该区域泊位利用效率明显提高，停车难问题有所缓解，也减少了环境污染。"SFpark"项目被国际交通规划与发展政策研究所称为"当前美国最具创新与最令人激动的拥堵管理工具"[4]。

2. 美国西雅图和纽约动态停车收费价格

美国西雅图在 2011 年 2—6 月，根据每个街区高峰时段的停车泊位占有率对路内停车收费价格进行了调整。停车泊位占有率每间隔一个小时被计算一次，合理的停车泊位占有率区间为 71%～86%。2014 年，西雅图安装了新的停车咪表，如图 8-5 所示，根据停车需求变化调整停车收费价格，停车费率可能会在一天中的不同时段进行调整，以反映停车需求的变化。例如，当早上停车需求较低时，可能会有更便宜的停车收费价格，而当下午停车需求较高时，停车收费价格会高一些。

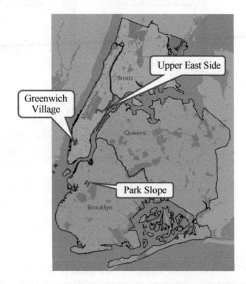

图 8-5　西雅图停车咪表　　　　　图 8-6　"PARK SMART" 试点区域分布

资料来源：Soper T. Seattle to install new parking meters that adjust price based on demand［EB/OL］.（2014-09-30）［2025-02-20］. https：//www. geekwire. com/2014/seattle-may-install-dynamic-pricing-parking-meters/. 和 NYC DOT. NYC's Peak Rate Parking Pilot［EB/OL］.［2025-02-20］. https：//nac-to. org/wp-content/uploads/NYC DOT＿ParkSmart. pdf.

　　纽约对路内停车需求较高、并排停车频繁、公交站点堵塞的城市商业区实施了 "PARK SMART" 项目，如图 8-6 所示，试点项目大约运行了 6 个月，根据高峰时段停车供需占比来确定是否需要调整价格，合理停车泊位占有率为 85%。项目实施的目标是缩短停车时间、增加停车可得性和提高商业区营业额。

3. 中国台北

　　台北市政府对其投资或管理的公共停车场价格实施动态调整机制，以此来对停车设施实行管理[2]。停车设施价格设置下限基础停车收费价格，不设置上限要求；调价幅度最小为 10 台币，取消上限；在服务范围内，路内停车收费价格不低于路外停车收费价格。根据一定时间段内小时平均停车泊位占有率是否高于 80% 或低于 50%，来提高或降低停车收费价格，同时将调整信息通过手机 APP 等方式发布给大众。一般情况下，每间隔 6 个月对泊位利用情况进行一次评估。具体调整方案如下：

　　（1）停车泊位占有率大于 80% 时，停车收费价格提高 10 台币/h（人民币 2 元/h）。

　　（2）停车泊位占有率为 50%～80%，停车收费价格保持不变。

　　（3）停车泊位占有率小于 50% 时，停车收费价格降低 10 台币/h（人民币 2 元/h）。

　　对于路外停车设施，在高峰时段，价格调整依据为每天高峰时段的实际停车泊位占有率；在平峰时段，以实际停车泊位占有率是否低于合理占有率作为停车收费价格是否调整的依据。停车设施单位时间最低停车收费价格为 5 台币/h（人民币 1 元/h），最高则没有限制。

由以上实例可知,目前已经开展了浮动式停车收费的尝试,并且取得了一定的效果。其基本原则是利用车位传感器获得停车设施利用信息,根据停车设施平均占有率定期对停车收费价格进行调整。停车泊位占有率较高时提高停车收费价格,停车泊位占有率较低时降低停车收费价格,而当停车泊位占有率处于合理区间时,停车收费价格不变。价格调整幅度及停车泊位占有率阈值则没有统一标准,不同地区会根据具体情况有所不同。

8.2　浮动式停车收费价格与需求影响关系分析

由于浮动式停车收费价格策略在国内城市还没有应用,因此没有实际项目运行数据。而美国旧金山的"SFpark"试点项目已取得了一些效果,并且其数据可以开放共享[5]。因此,这里利用"SFpark"项目路内停车收费价格与停车泊位占有率随时间变化的数据,重点对浮动式停车收费价格与需求的影响关系进行研究。一方面,能够研究浮动式停车收费价格机制下停车需求的时空分布特征,另一方面,可以分析项目实施对区域内停车资源利用等方面的影响,为动态停车收费价格的理论研究和应用提供参考。

8.2.1　研究区域

"SFpark"项目主要在旧金山的 7 个试点区域实施,如图 8-7 所示,因此,从各区域

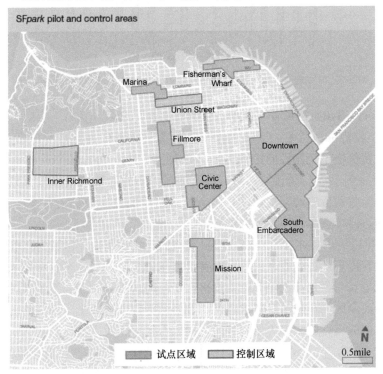

图 8-7　"SFpark"项目各试点区域分布图

资料来源:San Francisco Municipal Transportation Authority. SFpark:Putting Theory into Practice [EB/OL]. 2011 [2013-05-09]. http://sfpark. org/wp-content/uploads/2011/09/sfpark _ aug2011projsummary _ print-2. pdf.

分别随机选取 7 个典型路段的数据进行分析。获得的开放数据起始时间为 2011 年 8 月，结束时间为 2016 年 6 月，在 5 年时间内共进行了 18 次价格调整。停车收费价格调整时段分为上午（营业～12:00）、中午（12:00～15:00）与下午（15:00～结束），所选取的路段共有 1402 次价格变动。

8.2.2 "SFpark"项目运行效果分析

为了便于统计分析，根据路段停车泊位占有率的不同以及价格调整情况，将试点区域的路段分为三种类型，即停车收费价格需要提高的路段（停车泊位占有率高于 80％）、停车收费价格保持不变的路段（停车泊位占有率为 60％～80％）以及停车收费价格需要降低的路段（停车泊位占有率低于 60％），进而得到每次调价后处于不同停车泊位占有率区间路段的比例，如图 8-8 所示。

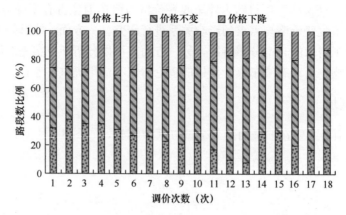

图 8-8　停车收费价格调整后处于不同停车泊位占有率区间的路段比例

从图 8-8 可以看出，随着停车收费价格调整次数的增多，从第 1 次停车收费价格调整到第 18 次停车收费价格调整，区域内停车收费价格需要提高路段的比例从 32％减少到 19％，停车收费价格不变路段的比例从 42％增加到 68％，停车收费价格需要下降路段的比例从 26％减少到 13％。这说明"SFpark"项目的实施对该区域停车情况产生了积极的影响。随着停车收费价格的多次调整，越来越多路段的停车泊位占有率处于 60％～80％这个合理区间，停车资源利用更为合理。

从图 8-9 可以看出，在"SFpark"项目实施的 5 年时间内，区域内路段的平均停车收费价格不仅没有提高，还在原来的停车收费价格基础上降低了，平日和周末的平均停车收费价格均降低了 0.2 美元/h。停车收费价格在上午时段低于中午与下午时段，这是由于试点区域多数为商业区，早晨停车需求较低，且多数为以上班或上学为目的的出行，中午或下午等较晚时段的出行则大多为休闲娱乐，周末有很多人过来进行购物、吃饭等活动。

由图 8-10 可知，在"SFpark"项目实施前后，平均停车泊位占有率整体上保持稳定，维持在 66％～67％。从平日与周末的停车泊位占有率变化可以看出，区域内平日的平均停车泊位占有率为 69.4％，周末为 67.7％。在项目实施 5 年之后，平日平均停车泊位占有率变为 69.3％，与之前相比并没有较大变化，而周末的平均停车泊位占有率则变为 64.8％，减少约 3％。这说明，停车收费价格的浮动变化对试点区域内总停车需求影响较小，但对周末的弹性停车需求产生了一定程度上的影响。

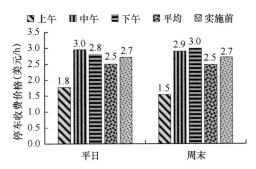

图 8-9 项目实施前后平均停车收费价格变化

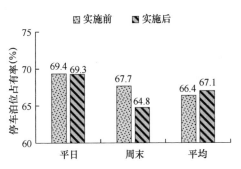

图 8-10 项目实施前后平均停车泊位占有率变化

由不同试点区域停车收费价格变化表 8-2 可知，在项目实施期间虽然全部试点区域内平均停车收费价格变化较小，但是各个区域的停车收费价格却有显著的变化。通过比较不同试点区域初始与最后一次的停车收费价格，可以看出，不同区域由于经济属性、用地性质等特征的不同，停车收费价格变化差异性较大。

不同试点区域停车收费价格变化 表 8-2

区域	初始停车收费价格（美元/h）	2016 年 6 月平日停车收费价格（美元/h）			2016 年 6 月周末停车收费价格（美元/h）			平均停车收费价格（美元/h）	变化率（%）
		上午	中午	下午	上午	中午	下午		
Civic Center	3	1.47	2.91	2.84	0.56	2.41	2.28	2.08	−31
Downtown	3.5	2.81	3.69	3.56	1.31	1.81	2.06	2.54	−27
Fillmore	2	0.63	2.56	2.75	0.50	3.81	4.25	2.42	21
Fisherman's Wharf	3	1.13	3.44	3.06	1.69	5.50	5.50	3.39	12
Marina	2	2.63	4.31	4.13	4.19	5.44	5.56	4.38	119
Mission	2	1.44	3.81	3.75	1.13	4.44	4.34	3.16	58
South Embarcadero	3.5	1.56	3.94	2.63	0.50	1.25	0.94	1.80	−48
平均停车收费价格（美元/h）	2.71	1.67	3.52	3.25	1.41	3.52	3.57	2.82	4

表 8-2 显示，相对于初始的停车收费价格，区域 Marina 的停车收费价格在一天内各个时段均是上涨的，其他区域的停车收费价格在某些时段内升高，而在某些时段内下降。一般情况下，停车收费价格在上午呈降低趋势，而在中午和下午呈升高趋势。从整体上来看，试点区域内初始停车收费价格平均值为 2.71 美元/h，经过 18 次停车收费价格调整之后变为 2.82 美元/h，变化率为 4%，平均值的变化较小，但不同区域的停车收费价格变化范围较大，在 0.5～5 美元/h。这说明，该项目可以在保持总体价格相对稳定的情况下，依据每个区域内的停车需求进行价格浮动调整，使更多路段的停车泊位占有率保持在合理的水平上，从整体上发挥了停车收费价格对停车需求的调节作用。

8.2.3 浮动式停车收费价格与需求影响关系分析

停车收费价格的调整会使得小汽车出行者改变停车行为，进而影响停车需求，本节将探讨停车收费价格与停车需求之间的影响作用关系。

1. 停车需求价格弹性

停车需求价格弹性是指在一定时期内商品需求量的相对变动对于该商品价格相对变动的反应程度。通常用需求量变动的百分比与价格变动的百分比比值来表示[6]，其计算公式为：

$$E_d = \frac{\Delta Q/Q}{\Delta P/P} \tag{8-1}$$

式中　E_d——价格弹性系数；

　　　ΔQ——需求变化量；

　　　Q——商品的需求量；

　　　ΔP——价格变化量；

　　　P——商品的价格。

如果将路内停车也看作是有价值的商品，可以利用价格弹性系数来衡量停车需求在停车收费价格调整下的变化情况。在浮动停车收费价格策略中，停车收费价格变化的时间间隔一般以月份为单位，并且由 1 个月到几个月不等。因此，在计算停车需求价格弹性时不是强调涨价还是降价，而是求某一时间段上的弹性，需要用中点公式来计算价格弹性[7,8]。停车需求价格弹性的中点计算公式为：

$$E_t = \frac{\Delta Q/\left[(Q_1 + Q_2)/2\right]}{\Delta P/\left[(P_1 + P_2)/2\right]} \tag{8-2}$$

式中　E_t——停车需求价格弹性，用来表示某个时间段的价格弹性；

　　Q_1、Q_2——停车收费价格变化前后的停车泊位占有率；

　　P_1、P_2——某时间段停车收费价格变化前后的值。

2. 区域停车需求价格弹性分析

利用某个停车收费价格调整时间点前一时段与后一时段内，路段停车收费价格与停车泊位占有率数据，计算得到选取的典型路段上的 1402 次价格调整变化下的弹性，并进行统计分析。

（1）停车需求价格弹性的分布

将区域内各个路段的停车需求价格弹性值进行汇总分析，其分布情况如图 8-11 所示。可以看出，37％的停车需求价格弹性分布在−1～0 之间，说明试点区域内一部分出行者对价格变化的敏感性较低。有 65％的停车需求价格弹性为负值，即停车需求随停车收费价格的提高而降低，或者随着停车收费价格的减少而升高。有 35％的路段停车需求价格弹性为正数，说明停车收费价格变化并不能起到很好地调节需求的作用，由于停车需求受到停车收费价格之外的多种随机因素的影响，可能抵消了停车收费价格对停车需求的影响作用，所以会出现这样的现象。

对停车需求价格弹性为正值的情况按照时段进行分析，得到图 8-12～图 8-14。可以看出，在一天中各个时段均存在停车需求价格弹性为正值的情况，且在不同时段内的分布比例相对平均。从停车收费价格变化情况来看，在上午时段正的停车需求价格弹性，主要是由路段停车收费价格降低所产生的。而在中午与下午时段，正的停车需求价格弹性大多是由于路段停车收费价格的上涨所致。由此可以推断，如果路段停车需求过高或过低时，相应的停车需求价格弹性可能为正值。结合不同时段平均停车收费价格与停车泊位占有率的分布情况，不难理解对于需求过高区域，停车收费价格的上涨在一定范围内并不能减少需求，会造成停车泊位占有率更高且停车收费价格不断上涨；对于停车需求较低的区域情况则相反。

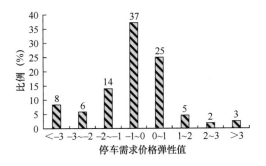

图 8-11　停车需求价格弹性分布

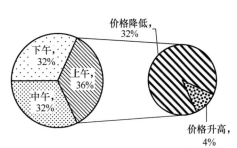

图 8-12　上午正值弹性及价格变化分布

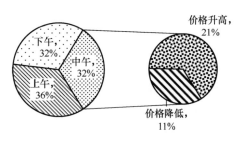

图 8-13　中午正值弹性及价格变化分布

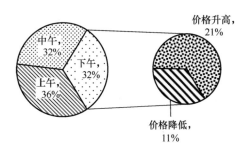

图 8-14　下午正值弹性及价格变化分布

（2）不同试点区域的平均停车需求价格弹性

将不同区域内各路段的停车需求价格弹性进行平均处理得到图 8-15，可以看出，各

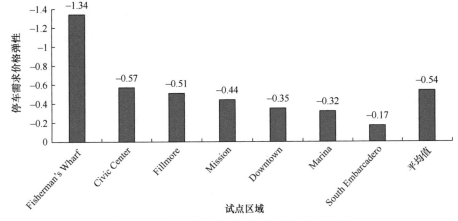

图 8-15　不同试点区域的平均停车需求价格弹性

区域内的停车需求价格弹性绝对值最大为 1.34，而最小仅为 0.17，这说明，在不同试点区域内，出行者在路段停车收费价格变化下的行为改变以及带来的停车需求变化是不同的。区域 Fisherman's Wharf 是靠近海边的码头，区域内有一个大型酒店，除了路内停车，邻近区域有停车库，在此处停车者多为长时停车，对停车收费价格变化反应较为敏感，当路内停车收费价格变化（提高）时，出行者可以转向选择路外停车。Civic Center 为旧金山市政府所在地，周边也有较多商业设施，停车需求价格弹性较高。因此，在较为繁华的商业、办公区域，停车需求价格弹性一般较大，而商业设施较少的路段周边区域的停车需求价格弹性较低，例如 Marina 与 South Embarcadero 区域。

（3）不同初始停车收费价格下的停车需求价格弹性

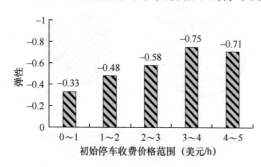

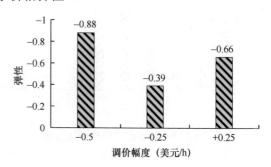

图 8-16　不同初始停车收费价格下的停车
需求价格弹性

图 8-17　不同调价幅度下的停车
需求价格弹性

图 8-16 显示在不同的初始停车收费价格下，出行者对停车收费价格变化呈现出不同的行为反应，带来停车需求价格弹性的变化。随着初始停车收费价格的增加，停车需求价格弹性是不断增加的，当停车收费价格增长到一定程度（3～4 美元/h）时，停车需求价格弹性最大，出行者对停车收费价格的敏感性最大，之后呈现略有下降的趋势。

（4）不同调价幅度下的停车需求价格弹性

"SFpark"项目中停车收费价格调整幅度包括三种，提高 0.25 美元/h、降低 0.25 美元/h、降低 0.5 美元/h，图 8-17 为不同调价幅度下的停车需求价格弹性。可以看出，停车需求价格弹性随着调价幅度的增加而增加，而且出行者对于停车收费价格上涨与下降的反应是不同的。停车收费价格升高 0.25 美元/h 时的停车需求价格弹性为－0.66，停车收费价格降低相同幅度情况下的停车需求价格弹性为－0.39，这说明出行者对停车收费价格的提高更为敏感，停车收费价格的升高会使更多出行者的停车选择行为发生变化。

（5）不同时段的停车需求价格弹性

通过对区域各个路段不同时段的停车需求价格弹性进行平均处理，得到图 8-18。图中显示，出行者在不同时段的停车收费价格敏感性是有差异的。在一天之中，出行者在上午时段对停车收费价格变化敏感性较低，而在中午与下午时段对停车收费价格变化反应敏感。这可能与早晨和上午时段一般为通勤等刚性出行需求、中午和下午时段多为弹性出行需求有关。此外，平日与周末的停车需求价格弹性较为相近，且平日略高于周末。

图 8-19 为平日与周末一天内不同时段的停车需求价格弹性，相对于平日，出行者在周末上午时段对停车收费价格更为敏感。而在中午和下午时段，平日的停车需求价格弹性

高于周末。这可能是由平日早晨以通勤出行为主，出行者对停车收费价格变化的敏感性较低所引起的。

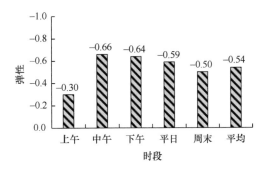

图 8-18 不同时段的平均停车需求价格弹性

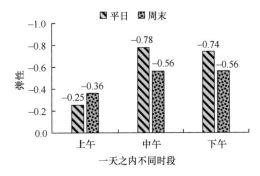

图 8-19 一天不同时段的停车需求价格弹性

（6）不同调价时间间隔的停车需求价格弹性

根据停车收费价格调整的时间间隔进行停车需求价格弹性的统计分析，得到图 8-20。从整体上可以看出，调价时间间隔越长，在此期间内的停车需求价格弹性就越大。由于当区域内停车资源利用不均衡时，才需要对停车收费价格进行调整。所以，如果出行者对停车收费价格变化的敏感性较低，则停车收费价格变化下停车需求量的转移也较少，停车泊位利用情况得不到改善，需要进行停车收费价格再次调整，则调价间隔会越短，调价次数增多。

从图 8-21 可以看出，当停车收费价格进行首次调整变动时，停车需求价格弹性为正值，这可能是因为项目刚开始实施，出行者对浮动停车收费价格政策不是很熟悉，停车需求不会随价格提高而减少或者价格降低而增加。在第二次调价时，停车需求价格弹性为负值且绝对值较大，这说明，出行者已经认识到停车收费价格的变化，并作出反应。在浮动停车收费价格实行的初期，随着时间的推移，停车需求弹性绝对值逐渐减少，意味着出行者在逐渐适应该停车政策。但自此之后，停车需求价格弹性呈现忽高忽低且无规律的变化，或许是多种因素共同作用的结果。

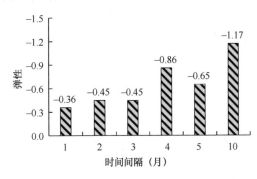

图 8-20 不同调价间隔下的停车需求价格弹性

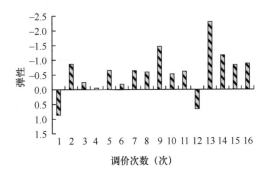

图 8-21 不同调价次数下的停车需求价格弹性

3. 路段停车需求价格弹性分析

以试点区域 Civic Center 为例，选取区域内典型路段作为研究对象，对不同类型路段的停车收费价格、停车泊位占有率及停车需求价格弹性等方面进行分析。Hayes St 100、

Polk St 0 和 Hayes St 300 三个路段的位置分布如图 8-22 所示，其中，Hayes St 100 路段路内停车位数量为 21 个，Polk St 0 路段路内停车位数量为 16 个，Hayes St 300 路段路内停车位数量为 30 个。

图 8-22　Civic Center 区域内研究路段分布

（1）Hayes St 100 路段

图 8-23 显示，在浮动停车收费价格调整初期，Hayes St 100 路段的停车泊位占有率较低，平日为 20%～40%，而周末仅为 10%～30%。这是由于该路段周边休闲娱乐设施较少，且邻近北侧有一个路外停车库，使得该路段的停车需求较小。从图 8-24 可知，停车收费价格调整初期路段停车收费价格为 3 美元/h，不管是在平日还是周末，一天内不同时段停车收费价格在多次价格调整中是不断降低的，最后到达停车收费价格的下限。综合来看，随着停车收费价格降到最低 0.25 美元/h，该路段停车泊位占有率较价格调整初期有所增加，但总体上处于 60% 以下。经过大约 1 年时间后，停车泊位占有率才有所上升，之后又有所下降，出行者对停车收费价格变化的敏感性较低。

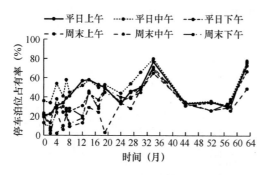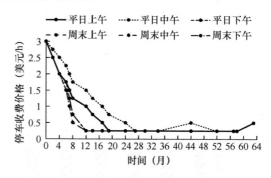

图 8-23　Hayes St 100 路段停车泊位
占有率随时间的变化

图 8-24　Hayes St 100 路段停车收费价格
随时间的变化

图 8-25 为 Hayes St 100 路段不同时段的停车需求弹性分布情况，可以看出，除了平日上午与中午时段停车需求价格弹性为负值外，其他时段弹性均为正值，并且停车需求价格弹性绝对值较低。这是由于平日上午与中午时段停车泊位占有率相对较高，且调价初期由于停车收费价格的降低使停车泊位占有率有所增加。综上，该路段的停车需求较低，停

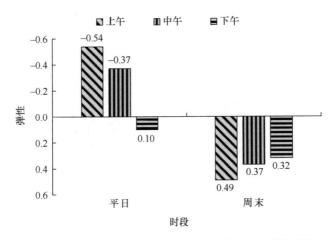

图 8-25 Hayes St 100 路段不同时段的停车需求价格弹性

车收费价格的降低并不能使停车泊位占有率显著升高，出行者对停车收费价格变化敏感性较低。

（2）Polk St 0 路段

图 8-26 显示，由于 Polk St 0 路段周边为市政府机关办公设施，南侧商业设施较多，其停车需求较高，即停车泊位占有率相对较高，平日停车泊位占有率为 60%～80%，而周末的停车泊位占有率则在 60% 左右波动，且波动幅度较大。从图 8-27 可以看出，该路段初始停车收费价格为 3 美元/h，平日上午和中午的停车收费价格随着时间，在前 28 个月内有所增加，停车需求有所减少，到 32 个月时，由于停车泊位占有率降低到 30% 左右，停车收费价格开始降低。相对于平日，周末停车收费价格降低较为明显，且平日停车收费价格高于周末。

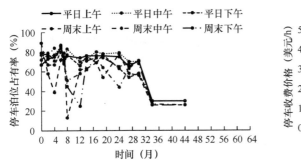

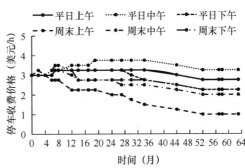

图 8-26 Polk St 0 路段停车泊位占有率随时间的变化　图 8-27 Polk St 0 路段停车收费价格随时间的变化

从图 8-28 可知，Polk St 0 路段的停车需求价格弹性为负值且绝对值较高，表明出行者对停车收费价格变动较为敏感。上午与中午时段的停车需求价格弹性绝对值高于下午时段。综上分析可知，该路段停车泊位占有率一般为 60%～80%，停车收费价格变化能够对停车需求起到明显的调节作用，出行者对停车收费价格变化较为敏感。

（3）Hayes St 300 路段

从图 8-29 可以看出，该路段除了周末上午时段占有率为 60%～70% 外，其他时段的

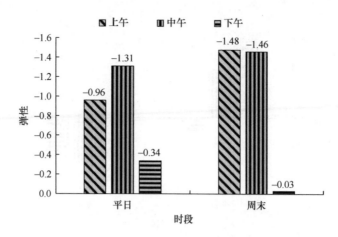

图 8-28 Polk St 0 路段不同时段的停车需求价格弹性

停车泊位占有率均高于 70%，在中午与下午时段甚至超过 80%，说明该路段停车需求整体上较高。结合区域用地情况可知，该路段周边为商业区，餐饮、娱乐等设施较多，因此，停车需求较大且主要分布在中午和下午时段。图 8-30 显示，该路段初始停车收费价格为 2 美元/h，在多次调价期间，停车收费价格呈现逐渐升高的趋势。综合来看，不管是平日还是周末，中午与下午时段内的停车收费价格不断上涨，但是直到上涨至 5.75 美元/h 时，停车泊位占有率也没有明显的下降，出行者对停车收费价格变化下的敏感性较低。综上分析可知，该路段的停车需求很高，停车收费价格呈上升趋势并不断增加，但是价格调节对停车需求调节作用不明显。

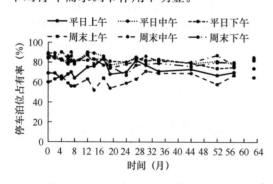

图 8-29 Hayes St 300 路段停车泊位
占有率随时间的变化

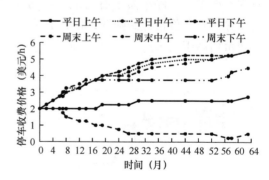

图 8-30 Hayes St 300 路段停车收费
价格随时间的变化

从图 8-31 可以看出，停车需求价格弹性绝对值除平日上午时段外均是较小的，这是因为平日上午的停车收费价格调整能够使停车泊位占有率处于合理区间内，而较晚时段的停车需求较大，停车收费价格的不断升高并不能改变出行者的停车选择。综上分析可知，该路段停车需求很高，停车收费价格的升高并不能使停车泊位占有率显著降低，出行者对停车收费价格的变化敏感性较低。

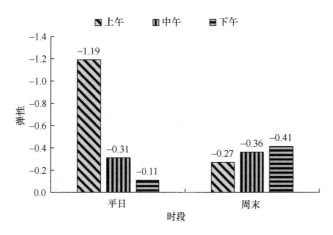

图 8-31　Hayes St 300 路段不同时段的停车需求价格弹性

8.3　小结

本章主要对国内外浮动式停车收费价格实例进行概述，进而对美国旧金山的"SF-park"项目实施数据进行了分析。首先，从整体上对项目试点区域内的停车使用状况进行了评价，随后对平日与周末不同时段内，停车收费价格与停车泊位占有率的变化数据进行了对比分析，最后，分析了不同情况下的停车需求价格弹性差异性以及停车需求与价格之间的影响关系，得到浮动式停车收费价格政策的实施能够均衡停车资源利用。出行者对停车收费价格变化的敏感程度会因时间、空间不同而呈现出差异性。初始停车收费价格、调价幅度、调价间隔等不同使得停车需求价格弹性也有差异。借鉴浮动式停车收费价格实例的经验，分析实施效果及价格调节机理，可以为动态停车定价策略的应用提供参考。

本章参考文献

[1]　Millard-Ball A，Weinberger R R，Hampshire R C. Is the curb 80％ full or 20％ empty? Assessing the impacts of San Francisco's parking pricing experiment [J]. Transportation Research Part A：Policy and Practice，2014，63：76-92.

[2]　苏奎，郑喜双，招玉华. 美国旧金山停车管理的浮动价格制分析 [J]. 综合运输，2014（9）：76-80.

[3]　SFMTA. SFpark Pilot Program [EB/OL]. [2025-02-20]. https：//www. sfmta. com/projects/sfpark-pilot-program.

[4]　苏奎，郑喜双，招玉华. 台北市停车场管理现状分析 [J]. 综合运输，2013，(10)：60-65.

[5]　SFMTA. Demand-Responsive Parking Pricing [EB/OL]. (2017-12-05) [2025-02-20]. http：// sfpark. org/resources-overview/.

[6]　阙宏. 经济学教程 [M]. 北京：经济管理出版社，2005.

［7］　赵燕．也谈西方经济学中的需求价格弹性［J］．安康学院学报，2013，25（5）：50-52．

［8］　Nelson J P. Meta-analysis of alcohol price and income elasticities-with corrections for publication bias［J］. Health Economics Review，2013，3（1）：17-17.

第9章 基于多智能体的浮动式停车收费价格研究

浮动式停车收费价格作为一项创新的管理方式，在国内城市还没有应用案例，因此，这里采用基于智能体（Agent）的模拟方法，结合停车行为、寻泊过程与停车选择意向调查数据，进行参数和行为规则设置，模拟个体的寻泊行为和停车决策过程，对浮动式停车收费价格变化下的停车需求和道路交通运行情况进行评价。

9.1 基于多智能体的停车模拟平台搭建

9.1.1 智能体技术及仿真软件

1. 智能体技术

在20世纪50年代，智能体理论首次由麦卡锡（人工智能创始人之一）提出。对于智能体的定义一般为：智能体是指在某一环境下、能够持续自主地发挥作用，具备驻留性、反应性、社会性、主动性等特征的计算个体[1]。智能体是一个相对抽象的概念，应用到交通研究领域，可以将整个系统分解成若干子系统，每个子系统都是不同类型的智能体，在各个子系统的内部，又可以划分为更小量级的智能体。不同智能体之间相互作用、相互影响与相互配合，共同维持整个交通系统的正常运转。

智能体总体上有以下几个特点[2]：

（1）自主性：具有按照计划独立执行活动的能力，不需要外界辅助来实现自身活动。

（2）社会性：具有与其他智能体协作的能力，能够通过一定途径实现与各个智能体之间的信息交流，并且能够与其他智能体协作，共同完成某些任务。

（3）反应性：具有感知外界环境的能力，能够对条件的改变做出恰当的反应。

（4）主动性：具有按照既定的目标主动做出适当行动的能力。能够根据系统目标，对本身将要执行的行为做出合理的推理和规划。

（5）个体性：各个智能体具有不同的个体属性、选择偏好等特征，因此，不同种类智能体之间存在个性差异。

2. Netlogo平台

Netlogo平台是由美国西北大学网络学习和计算机建模中心（CCL）联合开发的基于多智能体的可编程建模平台，主要用于对自然现象与社会现象演化规律的仿真模拟。因此，它能够对外界复杂的环境进行抽象建模，对动态的自然、社会现象进行仿真，研究其演化过程与规律[3]。

Netlogo平台的仿真环境称为虚拟世界，虚拟世界存在不同类型的智能体，智能体能够对外界环境和刺激进行感知，并做出合适的反应，因此，Netlogo可以很好地模拟各个智能体之间的反应，例如移动、计算等行为。在Netlogo模拟中共设有4类智能体，分别是海龟（Turtles）、瓦片（Patches）、链（Links）和观察者（Observers）[4]。

（1）海龟（Turtles）：能够在世界中任意移动的智能体，在 Netlogo 平台中发挥关键作用。每个海龟都具备固有属性，如 ID 编号、形状、横纵坐标、移动方向、颜色、尺寸大小等。例如道路上的一辆汽车可以看作一个海龟，它拥有小汽车所具有的速度、加速度等全部属性。每个海龟都是一个完整独立的个体，通过后台程序的编写，能够实现对每个海龟的控制，也可以实现对某类海龟的集体控制。

（2）瓦片（Patches）：在虚拟世界中固定不动的智能体，多个瓦片共同构成了虚拟世界，其范围由瓦片数量决定。它有属于自己的颜色、坐标、尺寸等属性，其与海龟的差异性在于自身没有移动功能。因此，在 Netlogo 平台中背景环境的搭建通常由瓦片完成，如交通系统中为小汽车提供行驶环境的道路就是由瓦片构成的。

（3）链（Links）：连接两个海龟的智能体，自身并没有实际的特征与属性，一般存在于两个端点之间，并且以最短路相连接。

（4）观察者（Observers）：一种特殊类型的智能体，它没有坐标等属性，也没有具体位置，可以提供一个俯视整个虚拟世界的视角，观察环境中智能体的运行。

Netlogo 平台的搭建是基于编程来实现的，通过 Logo 语言根据研究需要编写仿真背景、行为规则等语句，从而实现仿真模拟。Netlogo 平台的主界面如图 9-1 所示，包括 3 个页面，分别为界面页（Interface）、说明页（Information）和程序页（Procedure），其中，程序页为核心模块，在此模块内进行程序的编写与保存。同时，系统中的滑动条等按钮可以实现对基本参数的人工调整。仿真中可以通过编程在绘图区域设置需要输出的数据

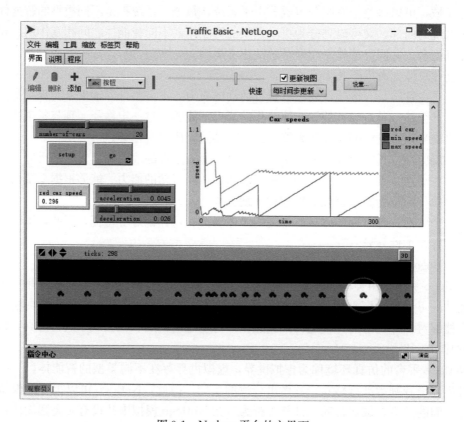

图 9-1　Netlogo 平台的主界面

图表，并可实时观测输出图表的动态变化过程。

智能体的宏观特性往往是由多个个体之间的交互作用呈现出来的，因此，基于智能体的模拟可以探究微观个体行为与宏观特征之间的关系。基于智能体的建模方法，可以对路网中的个体停车行为进行模拟，研究在一定出行环境中停车收费价格变化下交通运行情况的变化规律。

9.1.2　停车模拟平台的构建

1. 整体框架

在智能体中，海龟（Turtles）智能体发挥主要作用，是模拟中的核心部分。因此，交通环境中的车辆通过海龟（Turtles）智能体实现，以便能够模拟出行者的行为特征。停车模拟背景环境包括道路、停车泊位、周边建筑物等，这些背景因素通过搭建瓦片（Patches）智能体来实现。停车收费价格调整智能体为控制中枢，也是由瓦片（Patches）智能体来实现。

2. 智能体分类

在基于 Netlogo 软件的停车模拟平台中，主要分为 3 种智能体：车辆-出行者智能体、路段-车位智能体和停车收费价格调整智能体，智能体的功能、属性等特性如表 9-1 所示。其中，车辆-出行者智能体为海龟（Turtles），路段-车位智能体和停车收费价格调整智能体为瓦片（Patches）。

（1）车辆-出行者智能体

用来模拟出行过程中的小汽车出行者，在模拟运行中起到关键作用。车辆智能体不仅设有行驶速度、加速度、减速度、停车时间、前方可视距离等基本参数，还设有车辆类型（过路车辆或停车车辆等）和决策规则（初始停车位置选择、路径选择、停车泊位选择等）。它既能实现小汽车行驶过程中的微观行为模拟，又能对出行者停车过程中的路径选择、寻找车位等决策过程进行模拟。在行驶过程中，车辆智能体不仅能在道路上安全行驶，还能感知周边环境的变化，进而做出停车位置选择并进行停车。

（2）路段-车位智能体

用来模拟区域的路内停车位，该智能体具有空车位数、停车收费价格、到目的地的步行距离等属性，而车辆智能体则会依据这些信息做出相应的停车决策。

（3）停车收费价格调整智能体

主要用来对停车收费价格进行调整，该智能体能够收集并计算仿真系统运行的数据，当仿真系统内的停车泊位利用状态达到调价阈值时，则会触发此智能体来实现停车收费价格的变化。该智能体具有停车收费价格的上下限值、调价幅度、调价周期、合理停车泊位占有率区间等属性，可以通过改变停车调价规则中的指标来模拟不同情况下的浮动式停车收费价格的实施效果。

不同类型智能体的功能和特性　　　　　　　　　　　　　　　　表 9-1

智能体	定义	功能	属性
车辆-出行者智能体	小汽车出行者	实现小汽车的行驶、路径选择、寻泊和停车位置选择等行为	行驶速度、加速度、减速度、停车时间、寻泊或停车状态、决策规则等

智能体	定义	功能	属性
路段-车位智能体	路内停车位	为小汽车出行者提供出行环境和路内停车位	空停车位数量、停车收费价格、到目的地的步行距离等
停车收费价格调整智能体	路内停车管理者	根据停车泊位利用情况进行停车收费价格的调整	合理停车泊位占有率区间、调价周期、调价幅度、停车收费价格调整启动阈值等

3. 智能体之间的交互关系

模拟平台中存在大量的智能体，共同构成了一个大型智能体系统。而在内部，各个智能体之间可以实时通信、不断交互，从而使各智能体做出不同的反应。智能体之间的交互关系如图 9-2 所示。

车辆-出行者智能体之间的交互：车辆之间的交互可以实现车辆在道路上的跟驰行驶。当前后相邻两辆车的间距小于安全距离时，后车会减速行驶；当前后相邻车辆的间距大于安全距离时，则正常行驶。

车辆-出行者智能体与路段-车位智能体之间的交互：车辆-出行者智能体对路段-车位智能体的实时状态进行感知，可以根据不同路段的停车情况信息，做出停车决策。

路段-车位智能体与停车收费价格调整智能体之间的交互：停车收费价格调整智能体能够根据在一定时段内车位智能体的路段平均停车泊位占有率等运行数据，判

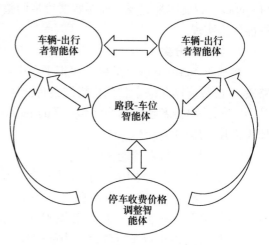

图 9-2　智能体之间的交互关系

断是否需要进行停车收费价格的调整，从而实现对路内停车收费价格的浮动变化，并将停车收费价格变化信息传递给车辆-出行者智能体。

9.1.3　停车模拟场景和参数设置

1. 场景设置

根据停车收费价格浮动变化下的停车位置选择意向调查，其调查地点为北京市朝阳区家乐福购物商场，以此为背景，使用 Netlogo 平台搭建的简化出行模拟情景如图 9-3 所示。家乐福购物商场被标记为小房子，作为进入研究区域的车辆的出行目的地。研究区域长度约为 200m，宽度约为 100m，共有 6 个路段，设每个路内停车位长度为 5m，每个路段各有 20 个路内停车位，区域南侧路段 1 和路段 2 为城市主干路，东侧路段 6 和西侧路段 3 为次干路，北侧路段 4 和路段 5 为支路，假设车辆从南侧主路进入。

2. 参数设置

考虑到仿真场景与实际环境的对应关系，对模拟出行环境进行设置，假设 Netlogo 软件中的 1tick 相当于现实世界中的 1s，仿真时间步长为 1tick，并且车辆-出行者智能体以

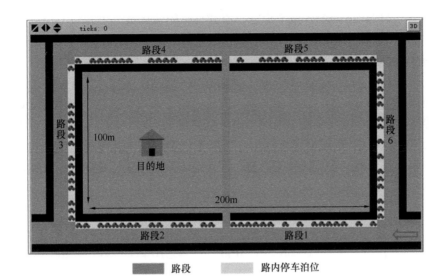

图 9-3　简化出行模拟情景

时间单位 tick 来进行移动。仿真中的 1patch 为实际当中的 5m，如果小汽车在仿真中每 1tick 移动的距离为 1patch，在仿真软件中速度为 1patch/tick，相当于实际中的速度 5m/s，即 18km/h。

根据在商业区停车调查中得到的出行者停车时间、行驶速度等分布数据，路内停车模拟中车辆的初始速度设定为 5m/s～7.5m/s，期望速度小于 10m/s。车辆的加速度和减速度分别为 2.5 m/s² 和 −2.5m/s²。车辆到达服从到达率均值为 15 的泊松分布，即 240 辆/h。各路段基本停车收费价格为 10 元/h。车辆在进入研究区域时按一定比例划分为通过车辆和寻泊车辆。车辆停车时间遵循调查得到的停车时长分布。智能体仿真参数设置如表 9-2 所示。

智能体仿真参数设置　　　　　　　　　　　　　　　　　　　　　　表 9-2

项目	模拟尺寸	现实尺寸
空间比例	1 patch	5m
时间比例	1 tick	1s
时空比例	1 patch/tick	5m/s
初始速度	1～1.50 patch/tick	5～7.50m/s
期望速度	0～2 patch/tick	0～10m/s
加速时加速度	0.50 patch/tick²	2.50m/s²
减速时加速度	−0.50 patch/tick²	−2.50m/s²
初始到达率	15 ticks/辆	240 辆/h

对于停车收费价格变化下停车需求量的改变，则通过出行者对停车收费价格可接受程度得到。设平均停车收费价格变化量如式（9-1）所示：

$$\Delta P_t = \frac{\sum\limits_k P_{kt}}{n} - \overline{P_{t-1}} \tag{9-1}$$

式中　　ΔP_t ——t 时段内研究区域平均停车收费价格的变化量;

　　　　P_{kt} ——t 时段内路段 k 的停车收费价格;

　　　　n ——路段数量;

　　　　$\overline{P_{t-1}}$ ——$t-1$ 时段区域内路段的平均停车收费价格。

在交通量一定的情况下,在模拟中,由出行者对停车收费价格上涨的接受意愿程度可知,不同停车收费价格变化幅度下的停车需求变化量是不同的,当停车收费价格变化量绝对值在 3 元/h 内时,停车需求变化较小,当停车收费价格变化量绝对值超过 3 元/h 时,出行者对停车收费价格变化反应较为敏感,停车需求变化较大。这样可以得到通过车辆数与交通量的比例:

$$p_{\mathrm{GL}t} = \begin{cases} 1-0.4 \times (1-0.1 \cdot \Delta P_t) & -3 \leqslant \Delta P_t \leqslant 3 \\ 1-0.4 \times (1-0.11 \cdot \Delta P_t) & -4 \leqslant \Delta P_t < -3, 3 < \Delta P_t \leqslant 4 \\ 1-0.4 \times (1-0.14 \cdot \Delta P_t) & -5 \leqslant \Delta P_t < -4, 4 < \Delta P_t \leqslant 5 \\ 0.141 \cdot \Delta P_t & -5 < \Delta P_t, \Delta P_t > 5 \end{cases} \quad (9\text{-}2)$$

有停车需求的车辆数量:

$$Q_t = \frac{3600}{\lambda_t} \cdot (1-p_{\mathrm{GL}t}) \quad (9\text{-}3)$$

式中　　$p_{\mathrm{GL}t}$ ——t 时段内道路上通过的不停车车辆的比例,值越大表示需要停车的数量越少;

　　　　Q_t ——t 时段内有停车需求的车辆数,单位为辆/h;

　　　　λ_t ——t 时段内的车辆到达率的倒数,单位为 s/辆。

9.1.4　停车决策和调价规则设置

1. 行驶规则设置

当小汽车在道路上行驶时,车辆按照期望速度行驶,同时会根据前方车辆行驶状态做出加速或者减速行为。假设相邻两辆小汽车之间的合理距离为 2 个车辆长度,即 10m。则当相邻两车车头间距小于合理距离时,后车做出减速行为;当相邻两车车头间距大于合理距离时,后车做出加速行为。车辆跟驰行驶规则如图 9-4 所示,图中 a 是加速度,t 是时间。

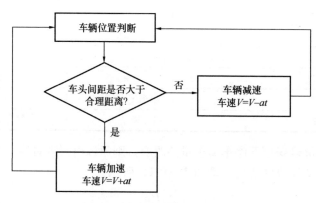

图 9-4　车辆跟驰行驶规则

2. 停车决策规则

对于所搭建的出行模拟情景，假设路内停车收费价格为 10 元/h，且不随时间发生变化，不提供停车信息，即认为是现状出行情景。当出行者接近目的地时，根据在行驶过程中看到的车位情况，结合期望停车位置、停车后步行距离等因素，做出停车决策。所以，对于在现状停车收费价格下出行者的停车选择决策，主要考虑不同停车位置到目的地的距离因素。

在浮动式停车收费价格机制下，假设出行者可以获得实时停车信息，在出行前或出行中根据获得的停车收费价格、泊位使用情况等信息综合做出停车决策。这里将出行者在停车收费价格动态变化下的寻泊和停车过程分为三个连续的决策阶段，第一阶段是出行者在出行前基于提供的区域路段停车信息（停车收费价格、停车泊位利用情况），确定初始停车位置选择意向，第二阶段是出行者对行驶路径的决策，第三阶段是到达初始意向的停车路段时，根据实际情况对具体停车泊位进行选择。路内停车寻泊决策过程如图 9-5 所示。

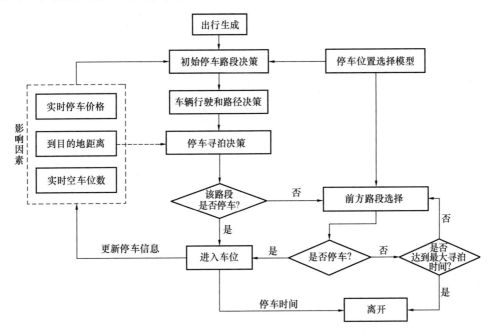

图 9-5　路内停车寻泊决策过程

（1）出行前初始停车位置决策

小汽车出行者通过手机 APP 可以查询区域内不同路段的停车情况，获取停车收费价格、空车位数量等信息，然后基于停车位置选择模型得到出行者对各个路段的停车选择概率。当车辆进入仿真模拟系统时，会根据选择概率确定每辆小汽车的初始停车位置。选择概率计算公式如下：

$$q_{kt} = \frac{e^{V_{kt}}}{\sum_j e^{V_{jt}}} \quad (j = 1, \cdots, 6) \tag{9-4}$$

$$V_{kt} = 0.33 + 0.15 \cdot O_{kt} - 0.282 \cdot P_{kt} - 0.004 \cdot D_k + 0.48 \cdot I \tag{9-5}$$

式中　V_{kt} ——在 t 时段内选择路段 k 的效用；

q_{kt} ——在 t 时段内选择路段 k 的概率；

O_{kt} ——在 t 时段内路段 k 的空车位数；

P_{kt} ——在 t 时段内路段 k 的停车收费价格；

D_k ——从路段 k 到目的地的步行距离；

I ——小汽车出行者的月收入。

（2）车辆行驶路径决策

当小汽车出行者根据停车信息确定了初始的停车路段后，路径选择智能体依据行驶距离最短原则，分配给小汽车行驶到目的地附近初始停车位置的路径。

（3）停车寻泊决策过程

首先，将每个路段划分为 3 个连续的"小块"，每个"小块"约有 6 个路内停车泊位。假设出行者在行进过程中能实时看到前方的一个"小块"，即 6 个停车泊位的占用情况。

当出行者到达初始选择的停车路段时，即处于路段第一个"小块"的初始位置，若第一个"小块"有空车位，不同空车位的选择概率就由步行距离及分布决定，如果车位所在位置的步行距离位于由停车后步行距离分布随机生成的样本范围内，则会选择一个空车位，并进入车位。否则，继续前行至该路段的下一"小块"重新决策，决策规则同第一个"小块"。

如果初始选择路段的 3 个"小块"都没有空车位，或者小汽车出行者没有选择在该路段停车，就会继续行驶。此时，他们需要根据第一阶段的决策规则（出行前初始停车位置决策），在前方路段中重新选择一个。当小汽车出行者到达新选定的停车路段时，其决策过程同样遵循在路段"小块"上的决策规则进行具体停车泊位的选择。小汽车出行者也可以一直在该地区周围绕行寻找停车位，直到达到最大寻泊时间。此时，他们将驶离研究区域。寻泊时间定义为小汽车出行者从进入研究区域开始寻找车位到停车入位的时间。一些小汽车出行者如果一直在寻找停车泊位而没有停车，其寻泊时间会从他们进入研究区域开始进行持续计时。根据调查数据，将最大寻泊时间设定为 20min。

停车寻泊决策过程如图 9-6 所示。

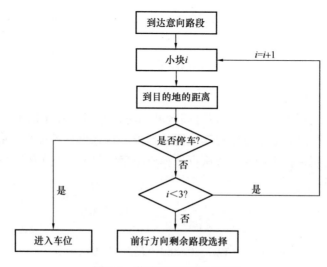

图 9-6 停车寻泊决策过程图

3. 停车调价规则设置

在 Netlogo 模拟中设有"计算中枢"智能体，能够计算每个路段实时停车泊位利用情况，以及一段时间内的平均停车泊位占有率。同时，停车收费价格调整智能体能够根据停车泊位利用情况，决定是否进行停车收费价格调整以及如何调整。浮动式停车收费价格调整流程如图 9-7 所示。

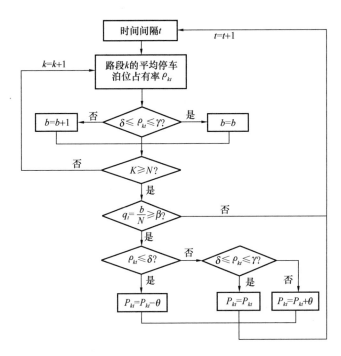

图 9-7　浮动式停车收费价格调整流程

图 9-7 中，N 为研究区域内道路路段的总数；ρ_{kt} 为 t 时段路段 k 的平均停车泊位占有率；δ 为合理停车泊位占有率区间下限；γ 为合理停车泊位占有率区间上限；b 为处于合理停车泊位占有率区间外路段数；β 为处于合理停车泊位占有率区间外路段数的调价阈值；θ 为调价幅度，P_{kt} 为 t 时段路段 k 的停车收费价格。

停车收费价格调整的规则是计算在给定的时间间隔 t 内，每个路段 k 的平均停车泊位占有率。假设合理的停车泊位占有率区间上下限值分别为 γ 和 δ，并判断每个路段的平均停车泊位占有率是否处于合理的停车泊位占有率区间内，得到处于合理停车泊位占有率区间外的路段数 b 及比例 q_t，当比例 q_t 达到调价阈值 β 时，则触发停车收费价格调整智能体，进行价格调整。

当路段停车泊位占有率高于合理区间上限值 γ 时，则该路段的停车收费价格 P_{kt} 将增加 θ；当路段停车泊位占有率低于合理区间下限值 δ 时，则该路段的停车收费价格 P_{kt} 将减少 θ。如果路段停车泊位占有率处于合理区间内时，停车收费价格保持不变。浮动式停车收费价格调整方案如表 9-3 所示。

<table>
<tr><td colspan="5" style="text-align:center">浮动式停车收费价格调整方案　　　　　　　　　表 9-3</td></tr>
<tr><td>调价原则</td><td>调价情况</td><td>调价幅度</td><td>发布方式</td><td>调整周期</td></tr>
<tr><td>$\rho_{kt} > \gamma$</td><td>停车收费价格提高</td><td>θ</td><td rowspan="3">手机 APP</td><td rowspan="3">以月为单位</td></tr>
<tr><td>$\delta \leqslant \rho_{kt} \leqslant \gamma$</td><td>停车收费价格不变</td><td>—</td></tr>
<tr><td>$\rho_{kt} < \delta$</td><td>停车收费价格降低</td><td>θ</td></tr>
</table>

综上，本节首先对智能体概念与 Netlogo 平台进行了概述与介绍，然后搭建了仿真框架，并定义了智能体类型，详细说明了各类智能体的功能及其相互之间的作用关系。最后搭建了基于多智能体的停车模拟平台，对出行场景、参数和决策规则等进行了详细描述。

9.2　浮动式停车收费价格方案运行效果模拟分析

基于所搭建的出行场景和停车仿真模拟平台，对停车收费价格浮动变化方案下出行者的停车决策与寻泊过程进行研究，获得综合效果最优下的停车收费价格动态调整策略，从而为浮动停车收费价格方案的制定提供参考。

停车模拟中，以 ticks 为计时单位，1tick 为真实环境中的 1s，模拟平台会实时输出小汽车出行者的停车寻泊时间、行驶速度和路段停车泊位占有率、停车收费价格等指标。模拟时段为出行高峰时段 2h，并假设为一周内高峰小时运行模拟情况的平均值，能够代表该月的高峰时段运行特征。故选取 40000ticks 作为一个仿真时长，即 40000ticks 相当于实际中 1 个月的运行模拟，在 1 个月内各路段的停车收费价格保持不变。考虑到系统模拟的随机性，每种方案下按照 40000ticks 的仿真时长重复模拟 5 次，取 5 次结果的评价指标平均值作为该方案一个月的输出统计值，进而根据调价规则，确定是否进行停车收费价格调整。考虑到仿真模拟的初始阶段系统运行不稳定，输出结果的统计每次从 1000ticks 开始，到 40000ticks 结束。

9.2.1　一次停车模拟输出结果分析

根据停车行为调查和出行者对停车收费价格的可接受意愿，设置合理停车泊位占有率区间为 60%～80%，调价幅度为 2 元/h，处于合理停车泊位占有率区间外路段比例阈值为 33.3%，基于该浮动式停车收费价格方案进行一个仿真时长的停车模拟，各路段实时停车泊位占有率与出行者的平均寻泊时间变化图如图 9-8、图 9-9 所示。

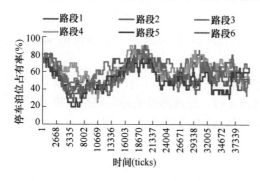

图 9-8　各路段实时停车泊位占有率变化图

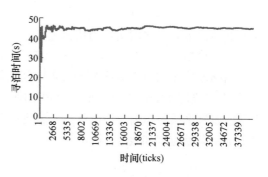

图 9-9　平均寻泊时间变化图

由图 9-8 可知，出行者会受到初始停车收费价格的影响，改变停车行为，使得各路段停车泊位占有率随发生变化，经过波动变化，达到比较合理的停车泊位占有率，并保持相对稳定的状态。图 9-9 为出行者的平均寻泊时间，为出行者从进入研究区域开始寻找停车泊位到停车入位的时间，可以看出，在这一时段（月）内，除了开始仿真时的不稳定时段，平均寻泊时间变化是不大的。总体上看，40000ticks 的模拟结果能够用于表征该区域的月平均停车情况。

9.2.2　浮动式停车收费价格方案运行效果模拟与分析

在浮动式停车调价规则中有 3 个指标：调价幅度、合理停车泊位占有率区间和处于合理停车泊位占有率区间外的路段数比例（调价阈值）。设定合理的停车泊位占有率区间是要确保小汽车出行者在到达目的地就能找到空车位，不需要花费很多时间寻找停车泊位，同时，也能使停车设施处于相对较高的利用率水平上。

假设调价幅度为 2 元/h[5]、合理停车泊位占有率区间为 60%～80%、调价阈值为 1/3 时，此方案作为初始浮动式停车收费价格方案。在此基础上，调价幅度变化水平分别取 1 元/h 和 3 元/h，合理停车泊位占有率区间变化水平分别取 50%～70% 和 70%～90%，调价阈值变化水平分别取 1/6 和 1/2，进而产生了 6 个不同的停车调价方案，依次为方案 1～方案 6，如表 9-4 所示。

根据停车调查数据，在模拟中，路内停车最高价格设定为 20 元/h，最低停车收费价格为 2 元/h。停车模拟连续运行总时长为 18 个月，每一次仿真时长（40000ticks）模拟结束后，会更新每条路段的平均停车泊位占有率以及占用率超出合理停车泊位占有率区间的路段比例信息，作为下一个时段是否进行停车收费价格调整的依据。

不同的停车调价方案　　　　　　　　　　　　表 9-4

方案	调价幅度 (θ)	合理停车泊位占有率区间 (γ～δ)	停车收费价格调整启动阈值 (β)
初始方案	2 元/h	60%～80%	1/3
方案 1	2 元/h	50%～70%	1/3
方案 2	2 元/h	70%～90%	1/3
方案 3	1 元/h	60%～80%	1/3
方案 4	3 元/h	60%～80%	1/3
方案 5	2 元/h	60%～80%	1/6
方案 6	2 元/h	60%～80%	1/2

1. 不同合理停车泊位占有率区间方案的运行效果模拟与分析

浮动式停车收费价格的目标是将停车设施占用率保持在合理范围内，如果设置的合理停车泊位占有率区间值过高，则当路内停车泊位占有率达到较高水平时，才会进行停车收费价格调整。在这种情况下，较少的空余车位会使得寻泊车辆数量增加，寻泊时间变长。如果设置的合理停车泊位占有率区间值过低，则有更多空余车位，在一定程度上会造成停车资源的浪费。以下对不同的合理停车泊位占有率区间水平的方案进行停车和交通运行情况的对比分析，其停车调价幅度均为 2 元/h，调价阈值均为 1/3，合理停车泊位占有率区间取值分别为 50%～70%、60%～80%、70%～90%，依次对应停车方案 1、初始方案和方案 2。

（1）不同方案下的路段停车利用情况分析

从图 9-10 可以看出，随着时间的变化，初始方案与方案 2 都会使较多路段处于各方案下的合理停车泊位占有率区间内，这说明，以 60%～80% 和 70%～90% 为合理停车泊位占有率区间进行调节价格，大部分路段的停车泊位可以得到合理利用，能够起到更好地调节停车资源合理利用的效果。而方案 1 并不能使停车设施利用达到很好的效果。

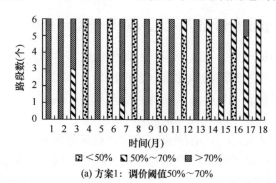

■ <50%　▨ 50%～70%　▧ >70%
(a) 方案1：调价阈值50%～70%

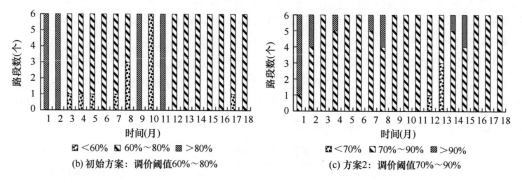

■ <60%　▨ 60%～80%　▧ >80%　　　　■ <70%　▨ 70%～90%　▧ >90%
(b) 初始方案：调价阈值60%～80%　　　　(c) 方案2：调价阈值70%～90%

图 9-10　不同合理停车泊位占有率区间方案下处于不同区间的路段数量变化图

（2）不同方案下的停车评价指标分析

图中曲线上的圆点标记表示停车收费价格进行调整变化的时间位置，由图 9-11 可知，在方案 1（合理停车泊位占有率区间为 50%～70%）中，区域内各个路段的平均停车泊位占有率随时间呈现出在合理区间之外来回波动的现象，经过几次停车收费价格调整后，波动逐渐减小并趋于达到合理的停车泊位占有率区间。对于初始方案（合理停车泊位占有率区间为 60%～80%）和方案 2（合理停车泊位占有率区间为 70%～90%），平均停车泊位占有率在合理区间范围附近波动变化较小。合理停车泊位占有率区间范围越高，道路路段的停车泊位占有率波动变化越小。这表明，需求驱动的动态停车定价可以将停车设施的利用率调节到理想范围内。

区域内各个路段的平均停车收费价格变化如图 9-12 所示，方案 1 的停车收费价格会因停车需求变化较大而呈现出上下波动，其他两种停车收费价格调整方案下的路段平均停车收费价格变化较小。初始方案与方案 2 的平均停车收费价格约为 14 元/h 和 12 元/h，说明当合理停车泊位占有率区间越高时，区域内平均停车收费价格是越低的，也就意味着较高的停车收费价格会产生更多停车需求发生转移。

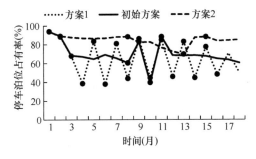

图 9-11　平均停车泊位占有率变化图

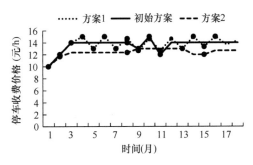

图 9-12　平均停车收费价格变化图

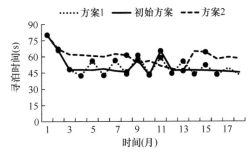

图 9-13　平均寻泊时间变化图

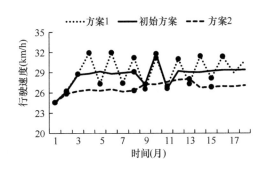

图 9-14　平均行驶速度变化图

由图 9-13 和图 9-14 可以看出，在方案 2（合理停车泊位占有率区间为 70％～90％）中，出行者寻找停车泊位所用时间多于其他两个方案，此时车辆的平均行驶速度也明显较低。而对于方案 1（合理停车泊位占有率区间为 50％～70％），虽然总体上看，寻泊时间与行驶速度优于方案 2，但是两个指标随时间波动性较大，对道路交通状况的影响也越大。总体上看，初始方案（合理停车泊位占有率区间为 60％～80％）的寻泊时间较短、车辆行驶速度较高，而且指标变化相对平稳，说明实施效果相对较好。

（3）不同方案的运行效果汇总分析

不同合理停车泊位占有率区间方案下的交通运行效果评价　　　　　　表 9-5

方案	合理停车泊位占有率区间	平均寻泊时间（s）	平均行驶速度（km/h）	调价次数	处于合理停车泊位占有率区间的时段（月）
方案 1	50％～70％	42.98	30.76	17	1
初始方案	60％～80％	47.25	29.02	6	13
方案 2	70％～90％	61.21	26.32	5	16

由表 9-5 可以看出，在停车调价方案中，当设置的停车泊位占有率区间为 50％～70％时，调价次数较多，为 17 次，且只有 1 个月内的停车泊位占有率处于合理区间，停车收费价格调整次数越多，运营成本越高。而其他两个方案的调价次数较少，为 5～6 次，且停车泊位占有率处于合理区间的时段也较多，分别为 13 个月和 16 个月。这表明，初始方案和方案 2 的停车收费价格调节效果优于方案 1。当合理的停车泊位占有率区间为 70％～

90%时，平均寻泊时间为61.21s，比初始方案多13.96s，同时，初始方案中车辆的平均行驶速度为29.02km/h，相对较高。

由此可知，在浮动式停车收费价格调节过程中，如果设置的合理停车泊位占有率区间过高，虽然停车泊位占有率较高，但是车辆的平均寻泊时间较长且平均行驶速度较低；如果设置的合理停车泊位占有率区间过低，虽然平均寻泊时间较少且行驶速度较高，但调价次数过多会增加运营成本。综合来看，当合理停车泊位占有率区间为60%~80%时，浮动停车收费价格方案的实施效果较优。

2. 不同调价幅度方案的运行效果模拟与分析

这里对不同调价幅度下的停车调价方案的运行效果进行对比分析，每个方案下的合理停车泊位占有率区间为60%~80%，调价阈值均为1/3。调价幅度的变化值为1元/h、2元/h、3元/h，依次对应方案3、初始方案和方案4。

（1）不同方案下的路段停车利用情况分析

图9-15显示了不同停车调价幅度方案下处于不同区间的路段数量变化图，即调价幅度由1元/h变化为3元/h时，每个时段内处于不同停车泊位占有率区间的路段数量。对于方案4（调价幅度为3元/h），由于每次调价幅度过大，通过调价并不能使区域内更多的路段处于合理停车泊位占有率区间内。虽然从第11个月开始，处于60%~80%占有率区间的路段数量有所增加，但结合图9-10(b)可知，整体效果不如方案3（调价幅度为1元/h）和初始方案（调价幅度为2元/h）。

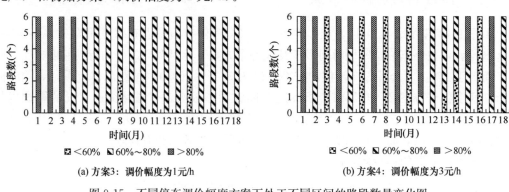

(a) 方案3：调价幅度为1元/h　　　　　　(b) 方案4：调价幅度为3元/h

图9-15　不同停车调价幅度方案下处于不同区间的路段数量变化图

（2）不同方案下的停车评价指标分析

图9-16为不同调价幅度下平均停车泊位占有率随时间的变化图。图9-17为不同调价幅度下平均停车收费价格随时间的变化图。可以看出，每次停车收费价格调整幅度越大，停车需求变化量也就越大，即停车泊位占有率的波动变化越大。方案4（调价幅度为3元/h）下的停车泊位占有率的波动变化最大，而在方案3（调价幅度为1元/h）下的停车泊位占有率波动幅度最小。

同时，对于方案3，经过4次停车收费价格调整后，停车泊位占有率在第5个月达到了合理的停车泊位占有率区间（60%~80%）。而对于调价幅度为2元/h的初始方案，仅通过两次价格调整就使停车泊位占有率处于合理区间。对于方案4，经过多次价格调整后，停车泊位占有率仍难以达到合理范围。这表明，较高的调价幅度对道路交通会产生较大的影响。

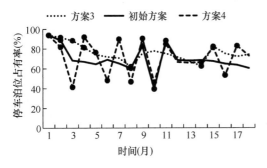

图 9-16　平均停车泊位占有率变化图

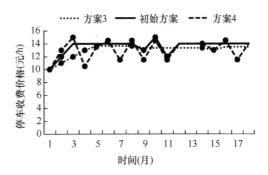

图 9-17　平均停车收费价格变化图

图 9-18 和图 9-19 显示了不同的调价幅度下平均寻泊时间和行驶速度随时间的变化图，可以看出，随着调价幅度的不断增加，每次停车收费价格变化后在该时段内出行者的平均寻泊时间与平均行驶速度波动性不断增大，经过多次停车收费价格调整后，其变化趋势逐渐趋于稳定。

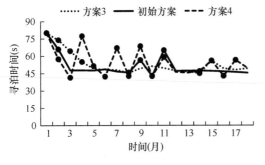

图 9-18　平均寻泊时间变化图

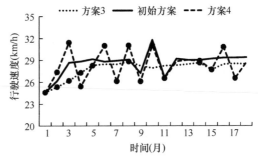

图 9-19　平均行驶速度变化图

（3）不同方案的运行效果汇总分析

		不同停车调价幅度方案下的交通运行效果评价			表 9-6
方案	调价幅度	平均寻泊时间（s）	平均行驶速度（km/h）	调价次数	处于合理停车泊位占有率区间的时段（月）
方案 3	1 元/h	48.44	28.34	7	13
初始方案	2 元/h	47.25	29.02	6	13
方案 4	3 元/h	49.43	27.65	15	4

由表 9-6 可知，当停车收费价格调整幅度为 3 元/h 时，整个仿真模拟期间，调价次数为 15 次，相比于其他两个方案是最高的，同时仅有 4 个月的停车泊位占有率处于合理区间内，表明多数时间下区域内的路段并没有通过停车收费价格调节到合理的停车泊位占有率水平。而由于调价幅度较大，停车需求变化波动较大，区域内车辆的平均寻泊时间较长，平均行驶速度较低。此外，停车收费价格变化过于频繁也会增加实施过程中的运行成本。

当调价幅度分别为 1 元/h 和 2 元/h 时，调价次数与停车泊位占有率处于合理区间的时段数基本相同。通过停车收费价格调节，18 个月中有 13 个月的平均停车泊位占有率处于合理区间，表明调价效果较好。两种停车调价幅度下的平均寻泊时间分别为 48.44s、

47.25s，车辆平均行驶速度分别为28.34km/h、29.02km/h。在初始方案中，2元/h调价幅度下的平均寻泊时间稍低，且车辆平均行驶速度略高。由此可知，停车收费价格每次变动2元/h时的交通运行效果最好，且运营成本较低。

3. 不同停车收费价格调整启动阈值方案的运行效果模拟与分析

停车收费价格调整启动阈值用某一个时段内停车泊位占有率超出合理范围的路段数量与总路段数量的比例来表示，若该比例设置过高，则需要存在较多的停车利用情况不合适的路段时调价；若该比例设置过低，则需要存在较少的停车利用情况不合适的路段时调价。以下对不同的停车收费价格调整启动阈值方案进行对比分析，这些方案的停车收费价格调整幅度均为2元/h，合理的停车泊位占有率区间为60%～80%，停车收费价格调整启动阈值分别为1/6、1/3、1/2，依次对应方案5、初始方案和方案6。

（1）不同方案下的路段停车利用情况分析

结合图9-10(b)，由图9-20可知，整体上看，三个停车调价方案之间并没有呈现明显的差异，最终都会对区域内停车设施利用产生积极的影响。当停车收费价格调整启动阈值为1/6时，在此条件下进行停车收费价格调整，处于合理停车泊位占有率区间内的路段数相对较多；而当停车收费价格调整启动阈值为1/2时，处于合理停车泊位占有率区间内的路段数相对较少。这是因为若调价阈值比例较小，当区域内处于合理区间外路段数量较少时就进行价格的调整，会使更多路段处于合理的停车泊位占有率区间。

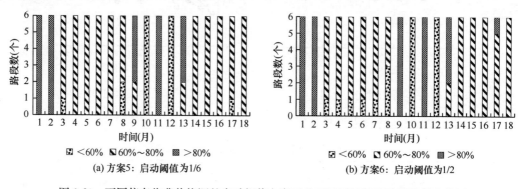

图9-20　不同停车收费价格调整启动阈值方案下处于不同区间的路段数量变化图

（2）不同方案下的停车评价指标分析

从图9-21～图9-24可以看出，三种调价方案下区域的平均停车泊位占有率、平均停车收费价格、平均寻泊时间和平均行驶速度方面呈现出相似的变化趋势，且差异较小。这

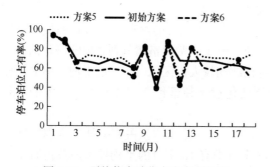

图9-21　平均停车泊位占有率变化图

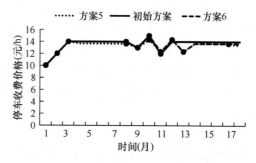

图9-22　平均停车收费价格变化图

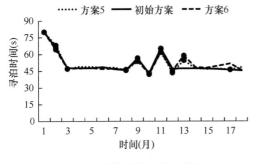

图 9-23　平均寻泊时间变化图

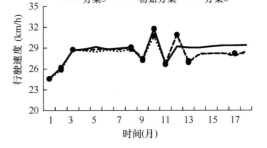

图 9-24　平均行驶速度变化图

说明不同的停车收费价格调整启动阈值都可以对停车需求起到一定的调节作用。

（3）不同方案的运行效果汇总分析

不同停车收费价格调整启动阈值方案下的交通运行效果评价　　　　表 9-7

方案	停车收费价格调整启动阈值	平均寻泊时间（s）	平均行驶速度（km/h）	调价次数	处于合理停车泊位占有率区间的时段（月）
方案 5	1/6	46.81	28.16	11	10
初始方案	1/3	47.25	29.02	6	13
方案 6	1/2	48.67	28.18	8	11

由表 9-7 可知，方案 5（价格调整启动阈值为 1/6）下的停车收费价格调整次数为 11 次，明显高于其他两种方案，而初始方案下的调价次数最少，仅为 6 次，且平均停车泊位占有率处于合理区间的月份最多，为 13 个月。在方案 6（价格调整启动阈值为 1/2）下，有 11 个月处于合理停车泊位占有率区间，方案 5 为 10 个月，均保持在较高水平上。

三种调价方案下的平均寻泊时间和平均行驶速度差异较小，初始方案下的平均寻泊时间和平均行驶速度分别为 47.25s 和 29.02km/h，略优于方案 5 与方案 6。综合来看，停车收费价格调整启动阈值为 1/3 时，交通运行效果更好，适合区域路网的动态停车收费价格调整。

9.3　浮动式停车收费价格实施效果对比分析

根据对停车收费价格与需求影响关系的分析可知，区域位置、用地性质等因素都会对停车需求产生较大影响，且不同区域内出行者对停车收费价格变化的敏感性具有差异性。因此，需要对不同停车需求情景下的浮动式停车收费价格方案的实施效果进行对比分析，停车模拟连续运行总时长为 18 个月。

9.3.1　路内停车需求分布相对均衡下的实施效果分析

假设在区域内路内停车需求分布相对均衡，即各个路段的停车需求差异不大且停车需求较高。首先对停车收费价格不变下的运行情况进行模拟，随后选取调价方案（调价幅度 2 元/h、合理停车泊位占有率区间为 60%～80%、停车收费价格调整启动阈值为 1/3），作为浮动式停车收费价格政策实施下的运行情况进行模拟，并将实施前后的输出结果进行对比分析。

1. 浮动式停车收费价格实施前后停车需求变化分析

根据图 9-25 可知，在整个系统运行过程中，由于区域停车需求较高，且停车收费价格保持不变，各个路段停车泊位占有率很高，均接近或达到 90% 以上，停车资源利用较为饱和。图 9-26 为浮动式停车收费价格实施后各路段平均停车泊位占有率变化图，可以看到，通过调整停车收费价格，各路段的停车泊位占有率处于 60%～80% 之间，停车收费价格起到了均衡停车资源利用的作用，停车泊位利用紧张状况得到了缓解；同时不同路段之间也呈现不同的差异性，主要表现为距目的地较近路段的停车泊位占有率略高于距目的地较远处的路段。

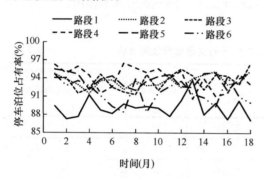

图 9-25　实施前各路段平均停车泊位占有率变化图

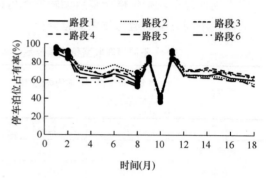

图 9-26　实施后各路段平均停车泊位占有率变化图

2. 浮动式停车收费价格实施前后停车指标变化分析

图 9-27 显示，由于研究区域停车需求较高且分布较为均衡，因此，在浮动式停车收费价格实施下，各路段平均价格相比于初始停车收费价格是有所上升的，从 10 元/h 提高到大约 14 元/h。由图 9-28 可知，在 18 个月的模拟时间段内，区域内路段的平均停车泊位占有率从 92.67% 降到 69.35%，说明停车收费价格的动态调整使得停车资源利用更为均衡。由于停车收费价格上涨所减少的停车需求可能转移到其他停车收费价格较低的区域进行停车，也可能更换目的地或采用其他交通方式出行。

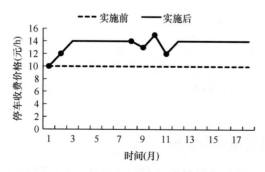

图 9-27　平均停车收费价格变化对比

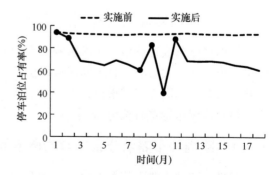

图 9-28　平均停车泊位占有率变化对比

将浮动式停车收费价格实施后的停车收费价格与停车泊位占有率变化关系进行分析，

如图 9-29 所示。在浮动式停车收费价格实施之初，由于各个路段的停车泊位占有率较高，停车收费价格是逐渐增加的。随着停车收费价格上升，在第 3 个月时平均停车泊位占有率处于 60%～80% 之间的路段数量达到 5 个，之后停车收费价格不再变动。停车收费价格与停车需求之间是相互作用的，停车收费价格会根据前一时段内路段泊位平均利用情况进行变动，进而对下一时段的停车需求产生影响，停车收费价格升高，停车需求降低，反之亦然。

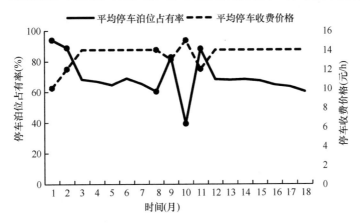

图 9-29 平均停车泊位占有率与平均停车收费价格变化关系图

图 9-30 与图 9-31 显示在现状停车收费价格下，出行者平均寻泊时间为 77.93s，车辆平均行驶速度为 24.65km/h，浮动式停车收费价格实施后，出行者寻找泊位的时间明显减少，平均寻泊时间从 77.93s 下降到 51.95s。车辆平均行驶速度从 24.65km/h 提高到 28.25km/h。说明浮动式停车收费价格实施对减少寻泊时间、改善动态交通运行起到积极的作用。

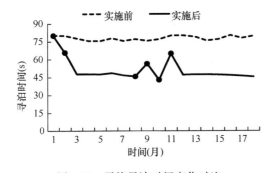

图 9-30 平均寻泊时间变化对比

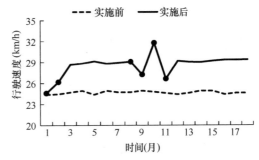

图 9-31 平均行驶速度变化对比

图 9-32 为浮动式停车收费价格方案实施后平均寻泊时间与平均行驶速度变化关系图，可以看出，区域内车辆的平均寻泊时间和平均行驶速度呈负相关关系，即随着平均寻泊时间增大，路段上车辆平均行驶速度逐渐减小。这是因为如果车辆在寻找泊位时花费较多时间，寻泊车辆与过路车辆相互影响，对周边道路动态交通产生影响。

综合上述分析可以看出，浮动式停车收费价格方案的实施起到了明显的效果。它不仅使停车资源利用更为合理，减少了寻泊时间，提高了出行者的出行效率，而且也改善了区域道路交通运行情况。

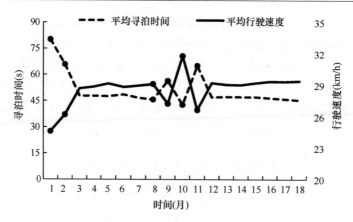

图 9-32　平均寻泊时间与平均行驶速度变化关系图

9.3.2　路内停车需求分布相对不均衡下的实施效果分析

假设在距离目的地较近路段的停车需求较高，距目的地较远路段的停车需求较低。选取调价方案（调价幅度 2 元/h、合理停车泊位占有率区间为 60%～80%、停车收费价格调整启动阈值为 1/3），对浮动式停车收费价格政策实施前后的交通运行情况进行模拟和对比分析。

1. 浮动式停车收费价格实施前后停车需求变化分析

从图 9-33 可以看出，在区域未实行浮动式停车收费价格策略时，各个路段泊位使用情况差异较大。在停车收费价格不变且为 10 元/h 时，路段 2、路段 3、路段 4 停车泊位占有率较高，各时段均在 90% 以上，路段 1 和路段 5 停车泊位占有率相对较低，在 50% 左右上下波动，路段 6 的空车位数最多，有 80% 的空车位。由此可知，停车收费价格固定不变情况下的停车资源利用分布不均衡，有的路段车位紧张，空车位较少，车辆到达无车位可停，有的路段空车位较多。

由图 9-34 可知，实施浮动式停车收费价格方案以后，除了距离目的地较远的路段 6 以外，路段 2、路段 3、路段 4 的停车泊位占有率有所下降，从原来 90% 以上降低至 60%～80% 的合理区间内。路段 1 和路段 5 的停车泊位利用情况有所提高，占有率均在 60% 以上。调价方案实施前后平均停车泊位占有率分别为 64.6%、65.6%，相差不大，但浮动式停车收费价格方案实施后停车设施利用更为均衡。结果表明，浮动式停车收费价格方案的实施可以改变停车需求分布，达到均衡停车资源利用的目的。

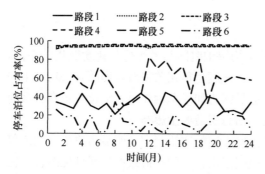

图 9-33　实施前各路段平均停车泊位占有率变化

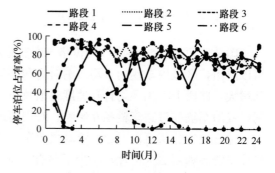

图 9-34　实施后各路段平均停车泊位占有率变化

2. 浮动式停车收费价格实施前后停车指标变化分析

图9-35为浮动式停车收费价格实施后，区域各路段的停车收费价格随时间的变化图，可以看出，不同路段由于停车需求的不同，停车收费价格变化也不相同。路段2、路段3、路段4、路段5均已达到停车收费价格上限，而路段1和路段6的停车收费价格相对较低。图9-36显示，浮动式停车收费价格方案的实施使得平均停车收费价格有所上升，从而对停车需求进行调节。

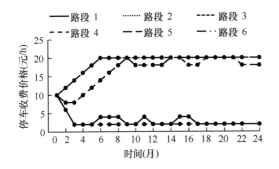

图9-35　实施后各路段平均停车收费价格

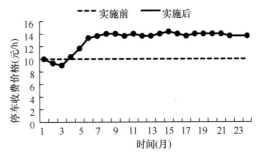

图9-36　平均停车收费价格变化对比

图9-37为实施浮动式停车收费价格后，路段1的停车泊位占有率与停车收费价格随着时间的变化图，对于路段1，停车收费价格在不断降低，直到达到最低停车收费价格2元/h，平均停车泊位占有率从32.5%增加到64.3%，这说明，在该路段停车收费价格的降低，在一定程度上提高了停车泊位利用率。

由图9-38～图9-40可以看出，路段2、路段3、路段4的停车泊位利用情况与路段1相反，由于这三个路段的停车需求较高，因此，需要提高停车收费价格来使路段利用率趋向合理。在初始停车收费价格为10元/h的情况下，初始的几个月内，虽然停车收费价格有所提高，但是停车泊位占有率仍然高于80%，直到增加至20元/h时，路段停车泊位占有率才降低到80%以下，并在60%～80%区间内波动变化。

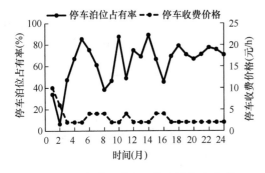

图9-37　实施后路段1停车泊位占有率
与停车收费价格

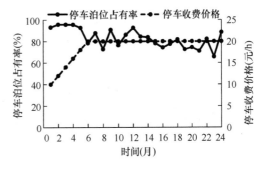

图9-38　实施后路段2停车泊位占有率
与停车收费价格

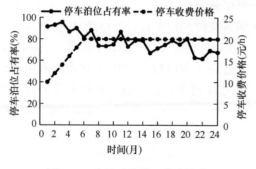

图 9-39 实施后路段 3 停车泊位
占有率与停车收费价格

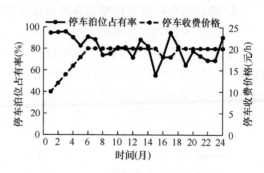

图 9-40 实施后路段 4 停车泊位
占有率与停车收费价格

图 9-41 显示，随着停车收费价格的增加，路段 5 的平均停车泊位占有率从 40.0% 增加到 77.9%，可能是因为原来选择路段 2、路段 3、路段 4 停车的出行者转移到停车收费价格相对较低的路段 5。由图 9-42 可知，虽然路段 6 的停车收费价格降低到 2 元/h，但由于距目的地较远，出行者宁愿选择在价格较高、更为便利的路段停车或更改出行目的地。因此，该路段的停车泊位占有率与停车收费价格均处于较低水平。

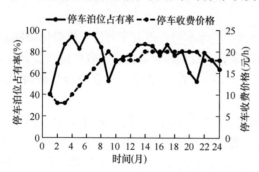

图 9-41 实施后路段 5 停车泊位占有率与
停车收费价格

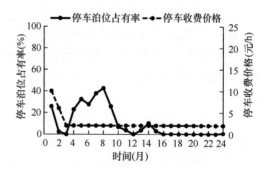

图 9-42 实施后路段 6 停车泊位占有率与
停车收费价格

由图 9-43 和图 9-44 可以看出，经过前几个月的停车收费价格调整，研究区域内出行者的平均寻泊时间从 61.76s 降低到 55.50s，车辆的平均行驶速度由 24.51km/h 增加到 27.35km/h。结果表明，浮动式停车收费价格策略的实施能够提升停车和出行效率。

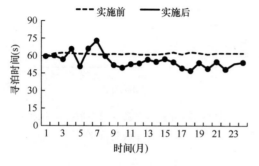

图 9-43 平均寻泊时间变化对比图

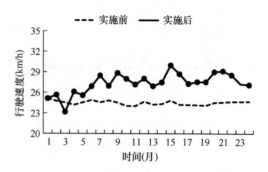

图 9-44 平均行驶速度变化对比图

3. 浮动式停车收费价格实施前后处于合理停车泊位占有率区间路段变化分析

图 9-45 为区域内处于合理停车泊位占有率区间路段数随时间的变化图，可以看出，随着浮动式停车收费价格的实施，处于合理停车泊位占有率区间的路段数量随着时间是不断增加的，且在大多数时段内，处于合理停车泊位占有率区间内的路段数，相对方案实施之前有所增加，这表明，浮动式停车收费价格策略改善了区域路内停车资源利用情况。

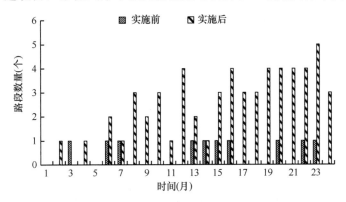

图 9-45 处于合理停车泊位占有率区间路段数量随时间的变化图

9.4 小结

本章基于在商业区进行的路内停车调查，建立了停车位置选择模型和停车寻泊过程决策规则。构建了基于多智能体的停车模拟平台，研究动态变化的停车收费价格对停车需求的影响以及浮动式停车收费价格方案实施效果。研究结论表明，浮动式停车收费价格策略可以有效调节停车需求分布，使停车泊位占有率保持在理想范围内，从而减少停车和交通问题。考虑到交通运行效果和停车运营成本，在实施浮动式停车收费价格策略时，建议将停车泊位占有率的合理范围设定为 $60\% \sim 80\%$，价格变化幅度为 2 元/h，价格调整的启动阈值可根据不同区域情况进行设置。研究结论可为动态停车定价政策制定提供参考和借鉴。

本章参考文献

[1] 余有明，刘玉树，阎光伟. 遗传算法的编码理论与应用[J]. 计算机工程与应用，2006，(3)：86-89.

[2] 王臻荣，李华君，李纬纬著. 计算社会科学的实现工具 NetLogo 编程入门[M]. 北京：经济日报出版社，2017.

[3] 沈洋. 多主体系统仿真调度与贝叶斯网络决策建模问题研究[D]. 南京：南京航空航天大学，2012.

[4] 朱朝磊. 基于多智能体系统的快速路宏微观交通流建模与仿真[D]. 北京：北京工业大学，2016.

[5] 秦焕美，刘聪，杨修涵. 基于浮动式停车收费的寻泊与出行意向分析[J]. 交通运输工程与信息学报，2017，15(1)：40-46.

第 10 章　浮动式停车收费价格策略实施及保障措施

在城市机动车保有量快速增长的背景下，制定合理的停车收费价格对缓解停车难问题具有重要的作用。浮动式停车收费价格作为一种动态调节策略，可以根据停车需求的时空变化特性，对不同类型停车设施的停车收费价格进行动态调整，以此均衡区域内停车资源利用，使停车设施占有率保持在理想的水平上，使得车辆到达即有位可停，以此来减少寻泊行为，解决区域交通拥堵问题。

10.1　浮动式停车收费价格策略实施建议

根据国内外浮动式停车收费价格应用实例和分析，并结合在典型城市商业区的停车调查数据，同时，基于多智能体建模方法搭建仿真环境，对浮动式停车收费价格的实施效果进行了研究。结果表明，浮动式停车收费价格策略的实施不仅使路内停车资源的利用更为均衡、区域内车位紧张状况有所缓解、停车寻泊时间有所减少，而且提高了周边道路上车辆的运行速度。

浮动式停车收费价格策略实施的区域，可以选择城市停车需求较高的区域，如商业区，根据停车需求的变化定期对停车收费价格进行动态调整，也可以根据一天内不同时段内的停车需求分时段制定合理的停车收费价格。

如果实施浮动式停车收费价格策略，建议将合理停车泊位占有率区间设置为 60%～80%，调价幅度设置为 2 元/h/次，调价启动阈值根据实际情况进行设置。随着城市经济、人口的发展以及交通情况的变化，停车调价方案也可以进行相应的动态调整。

10.2　浮动式停车收费价格策略实施的保障措施

随着信息化技术的不断发展，交通的管理、控制以及信息的发布越来越方便，浮动式停车收费价格策略的实施，需要借助先进的停车信息采集和发布技术等来保障其实施效果。

10.2.1　停车泊位利用信息化

对于路内停车，可以安装停车传感器，自动采集停车泊位利用数据，以作为停车收费价格调整的依据。根据美国旧金山"SFpark"项目，Civic Center 区域停车传感器及分布如图 10-1 所示，无线地面停车传感器可以检测到车辆的到达和离开。每个停车位安装一个或两个传感器。每个传感器有一个磁力仪，可以通过检测地球电磁场的变化确定是否有车辆停放。这些传感器可以将数据通过网络通信设备实时传输到管理中心。

随着北京市智慧停车建设工作的不断推进，截至 2023 年 12 月，道路停车电子收费系统覆盖了 1138 条道路、9.7 万余个车位。此外，北京市共有 449 个备案停车场、23.9 万个

图 10-1　"SFpark" 项目 Civic Center 区域停车传感器及分布

文献来源：Lin T，Rivano H，Le Mouël F. Urban Infrastructure Deployment for Wireless On-Street Parking Sensor Networks［J］. 2015，115（2015）：29-36.

车位的动态数据已纳入停车资源管理平台[1]。

　　停车动态监测主要运用视频设备对路内停车情况进行信息采集和电子计费，包括高位视频设备、低位视频设备和地磁车位探测器，部分胡同路段也辅以移动视频设备计费，如图 10-2 和图 10-3 所示。这些设备能够实时将车位状态数据传输到管理中心，为停车管理提供精准的数据支持。

图 10-2　高位视频停车信息采集设备　　　　图 10-3　低位视频停车信息采集设备

　　未来，北京将持续推动停车场动静态数据的汇集工作，继续完善道路停车电子收费系统，增加车位预约、电子计时等功能。通过大数据分析和人工智能技术，提升系统的智能化水平[2]。

10.2.2　停车信息实时发布平台

　　建立停车信息实时发布平台，向出行者提供实时的停车位信息。用户可以通过 Web 应用程序和手机客户端，查询出行目的地的停车泊位利用和停车收费价格信息，也可以通过短信提供停车泊位信息，或者通过停车引导信息板实时发布周围停车场的停车信息，引导出行者进行停车。图 10-4～图 10-7 为美国旧金山"SFpark"项目的停车信息发布和查询方式，包括停车信息发布网页、停车标志及可变信息板、手机客户端查询停车信息和发布停车信息短信等。

图 10-4 "SFpark"项目停车信息发布网页

图 10-5 "SFpark"项目停车标志及可变信息板

北京市停车场动态信息发布主要通过高德地图、百度地图和"北京交通"APP 等手机程序，居民可以通过这些平台搜索查看目的地停车场的位置、车位空闲状态等信息，以便做好行前规划，优化停车时间。

"北京交通"APP 提供了北京市道路停车泊位和 1300 余个备案停车场的动静态数据，更新频率为 5min 一次，出行者可以通过 APP 查看停车场的利用情况。自 2024 年 7 月 1 日起，"北京交通"APP 新增了"有偿错时共享停车信息"发布功能，目前中心城区已有 612 个有偿错时共享停车场，涉及 3.4 万个共享停车泊位可供查询。出行者可查询停车场的名称、位置、共享车位数、联系人及联系方式等信息，并可一键导航至有偿共享停车场，如图 10-8 所示。此外，APP 还支持停车订单状态实时更新、多种支付方式以及跨区合并支付功能，方便用户缴费。

图 10-6　"SFpark"项目手机客户端查询停车信息

图 10-7　"SFpark"项目发布停车信息短信

资料来源：图 10-4～图 10-7 均来自 San Francisco Municipal Transportation
Authority. SFpark：Putting Theory into Practice［EB/OL］.
2011［2013-05-09］. http：//sfpark. org/wp-content/uploads/
2011/09/sfpark _ aug2011 projsummary _ print-2. pdf.

　　"上海停车"APP 覆盖了上海市 4300 多个公共停车场（库）和收费道路停车场，涉及 89 万个公共停车泊位，如图 10-9 所示。它具备的核心功能包括停车导航、停车缴费、停车预约、停车充电、错峰共享、枢纽停车等。

停车导航，可查询周边停车场的地址、出入口位置、实时空余车位数、收费价格和服务时间，并支持一键导航；

停车缴费，支持通过支付宝、微信等第三方支付方式缴纳停车费，还能开具电子票据；

停车预约，用户可以预约特定停车场（库）的车位，如医院、交通枢纽等；

错峰共享，提供小区周边停车场的错峰停车服务信息，方便用户在夜间或闲置时段停车；

停车充电，为新能源汽车用户提供附近可以充电的停车场（库）信息；

枢纽停车，提供交通枢纽周边停车场的详细信息，方便自驾车出行者换乘公共交通。

"上海停车"APP也在不断完善功能，实现"出行前查询及预约车位""出行后精准导航至出入口""入场后内部导航至车位""出场时反向寻车和无感支付"等覆盖出行停车服务全过程的应用场景。

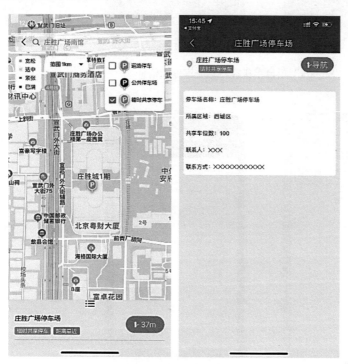

图 10-8 "北京交通"APP有偿错时共享停车场信息查询　　图 10-9 "上海停车"APP

10.2.3 停车管理

浮动式停车收费价格的实施效果要配合停车管理，对于车辆乱停乱放、违章停车等现象，要加大执法力度，建立健全停车执法联动机制，充分运用科技手段，逐步实现停车执法全覆盖。具体措施包括合理施划路内停车泊位，明确停车服务对象和设置时限，并将停车泊位信息及时向社会公布。同时，要开展重点地区停车综合治理，针对停车供需矛盾突出的重点区域，制定综合治理工作方案，明确治理目标和具体措施。通过这些措施，可以有效规范路内停车行为，提升停车管理的效率和水平[3]。

科技手段的应用也是提升停车管理效率的重要途径。利用物联网、大数据、云计算等技术，实现停车位的实时监控与管理。通过大数据分析停车需求的时空分布规律，预测停车需求，识别停车热点区域，为优化停车资源配置提供科学依据。智慧停车平台可实时更新停车场信息，实现停车资源的共享与高效利用，同时，实现停车场的无人值守和远程监管，降低人力成本，提高管理效率[4]。

10.3　小结

本章根据浮动式停车收费价格研究结论，借鉴国内外停车实例经验，提出了实施浮动式停车收费价格策略的建议，从停车泊位利用信息化、停车信息发布等方面给出了保障浮动式停车收费价格策略实施效果的措施建议。

本章参考文献

[1]　北京市交通委员会. 我市部分停车场空闲车位信息实现一键查询[EB/OL]. （2023-12-28）［2025-02-14］. https：//jtw. beijing. gov. cn/xxgk/dtxx/202312/t20231228 _ 3516639. html.

[2]　北京市道路停车电子收费系统：提升管理水平，方便市民出行[EB/OL]. （2024-01-03）［2025-02-14］. https：//www. rrlicai. com/daikuan/57219. html.

[3]　住房城乡建设部. 住房城乡建设部关于加强城市停车设施管理的通知[EB/OL]. （2015-09-22）［2025-02-14］. https：//www. gov. cn/gongbao/content/2016/content _ 5046113. htm.

[4]　科技驱动下的路边停车新模式探索与实践[EB/OL]. （2024-11-08）［2025-02-14］. https：//www. idiyt. com/article-detail/NZ4MdMPb.

第三篇

动态停车推荐策略研究

第 11 章　动态停车推荐研究背景

11.1　研究背景

随着居民生活水平的提升、机动车数量的快速增长，停车难问题日益突出，对道路交通、资源和环境等产生了较大的影响。相关研究显示，人们需要花费大约七八分钟才能找到一个合适的停车泊位，由于停车寻泊，道路交通流量也相应增加。据估计，德国Schwabing 地区因停车寻泊造成的年经济损失高达 2000 万欧元[1]。智能停车服务通过融合无线通信技术、移动终端技术、GPS 定位技术等为出行者提供实时停车泊位信息，可以推荐并预订停车场，有助于出行者更快、更容易地找到停车泊位，减少停车寻泊及对道路交通的影响。因此，智能停车服务是解决大城市停车问题的一种有效方法。

智能停车服务系统主要由停车场车位信息采集传输层、信息处理层及信息发布层组成。系统整体框架如图 11-1 所示[2]。其中，车位采集传输层的功能是实时监测每个停车泊位的利用情况，信息处理层功能是对车位状态信息进行汇聚、分析与处理，信息发布层的功能是对汇聚处理之后的车位信息进行发布。通过智能停车服务系统，小汽车出行者可以查询并预订车位，停车场管理者可以通过系统收集的数据了解不同时段、不同区域的车位使用情况。

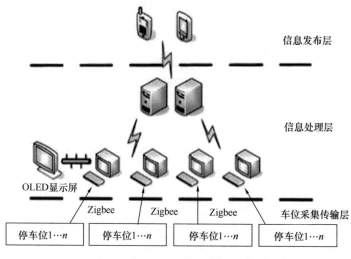

图 11-1　智能停车服务系统整体框架

一些智能停车服务系统，如美国的"ParkMe"停车服务系统和我国的"ETCP"停车服务系统，如图 11-2 和图 11-3 所示，能够提供停车设施位置、停车收费价格、开放时间等信息，出行者可以根据停车收费价格、支付方式等筛选停车设施，从而较快地找到停车泊位。

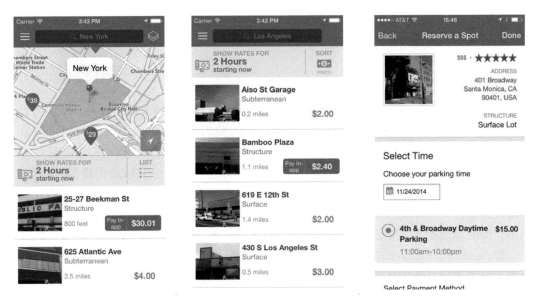

图 11-2　"ParkMe"停车服务系统应用界面

图 11-3　"ETCP"停车服务系统应用界面

　　智能停车服务可以减少出行者的寻泊时间，在一定程度上缓解停车问题。因此，如何考虑出行者的停车选择偏好，综合各方的利益，提供动态的停车推荐信息，均衡停车设施利用十分重要。本书基于停车决策行为调查，构建考虑出行者关注度和心理阈值的停车推荐模型和个人停车决策模型。从出行者和管理者的角度出发，制定不同的停车推荐方案，通过分析评价得出最优的停车推荐方式。研究结论可为智能停车服务系统的设计和应用提供参考。

11.2　国内外研究现状

11.2.1　停车选择行为研究

在停车选择行为方面，Zhang 和 Zhu 研究了城市中心路内停车选择行为，得到出行者愿意支付更多的停车费用，选择距离目的地更近的路内停车位[3]。Khaliq 等利用混合多项 Logit 模型研究出行者的路内停车选择行为得出，停车收费价格、预期停车时长和停车便利性等因素对路内停车选择行为影响较大[4]。Soto 等建立混合离散选择模型研究得出，停车收费价格、寻泊时间、风险规避态度等是影响出行者选择免费路内停车、付费路内停车以及付费公共停车场的重要因素[5]。Tian 等提出了动态停车定价模型以平衡停车资源利用。同时得出停车收费价格、停车后步行距离是停车场选择的重要影响因素[6]。

Waerden 和 Timmermans 采用比利时和荷兰的数据，研究出行者特征对停车行为的影响，结果表明，个人属性和出行特征对停车行为影响显著[7]。Ibeas 等建立了混合 Logit 模型研究出行者的停车行为，结果表明，年龄对停车选择的影响较大[8]。Zong 等利用北京的停车数据，建立结构方程模型，分析出行者的个人/家庭属性、出行目的和停车泊位占有率对停车决策的影响，结果表明，出行者的停车时间越短，家庭成员数量越多，选择路内停车的概率越高[9]。付兴胜根据停车行为数据，构建共享泊位停车选择行为意向结构方程模型，分析结果表明，"服务感知""个人态度"以及"社会意识"对于出行者选择共享停车泊位呈现出一定程度的正向影响，同时，心理潜变量与出行者社会经济属性之间具有高度相关性[10]。

11.2.2　停车推荐和预订研究

智能停车服务可以为出行者提供出行目的地附近的停车信息，并引导其停车。Cao 和 Menendez 研究得出采用智能停车服务可以大大节省出行者的停车寻泊时间[11]。Dogaroglu 和 Caliskanelli 研究得出，通过智能停车引导系统（IPGS）提供停车信息，如停车后步行距离和停车收费价格，可以减少出行者的行驶距离和停车费，平衡停车资源的利用，降低污染排放[12,13]。Khaliq 等提出了一种相互认证机制，以解决现有智能停车服务系统中存在的隐私和安全问题[14]。

对于智能停车推荐方面的研究，Huang 等介绍了智能停车决策支持系统，以引导出行者找到合适的路内停车泊位[15]。Fu 等考虑停车场内部的车位类型、位置、步行距离等因素，设计停车场内部最优停车推荐模型，使得停车场资源得到有效利用，也能够减少停车寻泊时间[16]。Shin 和 Jun 考虑出行者关注的行驶时间、停车后步行距离、停车收费价格以及交通拥堵程度因素，进行停车推荐模拟，发现其可以更好地提高停车场利用率[17]。Safi 等在上述研究基础上加入行驶安全程度这一因素，通过停车模拟得到，加入行驶安全程度因素有助于提高停车资源利用率[18]。Shin 等开发了基于神经网络预测控制（NNPC）的停车推荐模型，通过停车模拟显示，该模型的应用可以减少交通拥堵，使停车场资源得到有效利用[19]。Zhao 等提出了共享停车位分配和停车路线推荐的九项标准，并针对不同情况提供了定量模型[20]。上述关于停车推荐方面的研究，考虑了一些停车影响因素。但是，出行者通常具有不同的偏好和心理需求，也会影响其停车选择行为。

对于停车预订方面的研究，Sadreddini 等提出了考虑了电动汽车用户行为、充电状态以及停车位情况的智能停车预订系统，该系统采用了多准则决策技术来缓解出行者的停车难问题[21]。Mei 等在停车预订系统中，采用遗传算法进行仿真模拟，优化了预订停车位时的预留比例配置，结果表明，停车预订可以在保证出行者利益的同时，有效地提高停车场收益[22]。Liu 等设计了停车引导系统，以距离最近原则实时为出行者推荐路边停车泊位并预订，模拟仿真得出，该系统可以大幅降低出行者的行驶成本和步行成本[23]。为了使所有出行者的总出行成本最小，He 等提出了一种实时停车预订服务，使用混合整数规划模型，以高效分配停车时段并规划出行者的出行计划[24]。Fu 等提出了基于预约的停车推荐模型，可以根据出行者的需求筛选停车场，进而根据多属性的综合效用值最大进行推荐停车场，仿真实验结果显示，该模型能够减少寻泊时间和停车收费价格，提高停车设施利用率[25]。Ferreira 和 Silva 提出了一种路内停车预订系统，建立了寻泊行为模型，并以里斯本为例，对模型进行了验证，通过仿真模拟得到，在有停车预订系统的情况下，出行者总出行时间会有所改善[26]。宁瑞昌依据出行者的停车预约数据，建立了预约模式下基于灰熵的最优停车选择模型，研究了停车场选择的影响因素，进而实现了为用户推荐最优停车场的目标[27]。

11.2.3　国内外研究总结

综合国内外在停车选择行为、停车推荐和预订方面的研究，得出以下结论：

在停车选择行为方面，主要基于效用最大化理论和结构方程模型等，研究出行者个人信息、出行行为特征、停车收费价格、停车后步行距离等对停车选择行为的影响。而从出行者心理方面对停车选择行为的研究还相对较少。

在停车推荐和预订方面，分析了智能停车服务系统应用的效果，并基于不同因素提出了停车推荐和预订的方法，而较少综合考虑出行者和停车管理者两个方面的利益进行研究。

因此，本书基于停车推荐和预订服务下的停车决策行为调查，分析不同群体的停车决策行为机理。建立系统停车推荐模型和个体停车决策过程模型，综合考虑出行者和管理者的利益，设计静态、动态停车推荐方案，分析不同停车推荐方案的适用性。

11.3　小结

本章介绍了动态停车推荐方案的研究背景，国内外对于停车选择行为、停车推荐和预订方面研究的现状，总结了已有研究的不足。

本章参考文献

[1] Caliskan M，Barthels A，Scheuermann B，et al. Predicting Parking Lot Occupancy in Vehicular Ad Hoc Networks[C]. 2007 IEEE 65th Vehicular Technology Conference，Dublin，Ireland，2007，277-281.

［2］　苏世雄，马新华. 基于物联网的智能停车系统的设计与研究［J］. 实验技术与管理，2020，37(6)：68-70.

［3］　Zhang R，Zhu L. Curbside parking pricing in a city centre using a threshold［J］. Transport Policy，2016，52：16-27.

［4］　Khaliq A，van der Waerden P V D，Janssens D，et al. A Conceptual Framework for Forecasting Car Driver's On-Street Parking Decisions［J］. Transportation Research Procedia，2019，37：131-138.

［5］　Soto J J，Márquez L，Macea L F. Accounting for attitudes on parking choice：An integrated choice and latent variable approach［J］. Transportation Research Part A：Policy and Practice，2018，111：65-77.

［6］　Tian Q，Yang L，Wang C L，et al. Dynamic pricing for reservation-based parking system：A revenue management method［J］. Transport Policy，2018，71：36-44.

［7］　Waerden P V D，Timmermans H，da Silva A N R. The influence of personal and trip characteristics on habitual parking behavior［J］. Case Studies on Transport Policy，2015，3(1)：33-36.

［8］　Ibeas A，Dell'Olio L，Bordagaray M，et al. Modelling parking choices considering user heterogeneity［J］. Transportation Research Part A：Policy and Practice，2014，70：41-49.

［9］　Zong F，Yu P，Tang J，et al. Understanding parking decisions with structural equation modeling［J］. Physica A：Statistical Mechanics and its Applications，2019，523：408-417.

［10］　付兴胜. 考虑泊位共享的居住区停车选择行为研究［D］. 哈尔滨：哈尔滨工业大学，2018.

［11］　Cao J，Menendez M. Quantification of potential cruising time savings through intelligent parking services［J］. Transportation Research Part A：Policy and Practice，2018，116：151-165.

［12］　Dogaroglu B，Caliskanelli S P. Investigation of car park preference by intelligent system guidance［J］. Research in Transportation Business & Management，2020，37：100567.

［13］　Dogaroglu B，Caliskanelli S P，Tanyel S. Comparison of intelligent parking guidance system and conventional system with regard to capacity utilisation［J］. Sustainable Cities and Society，2021，74：103152.

［14］　Khaliq A A，Anjum A，Ajmal A B，et al. A secure and privacy preserved parking recommender system using elliptic curve cryptography and local differential privacy［J］. IEEE Access，2022，10：56410-56426.

［15］　Huang Y H，Hsieh C H. A decision support system for available parking slots on the roadsides in urban areas［J］. Expert Systems with Applications，2022，205：117668.

［16］　Fu J，Chen Z，Sun R. Research on intelligent terminal oriented optimal parking space recommendation model[C]. 17th International IEEE Conference on Intelligent Transportation Systems (ITSC). IEEE, 2014: 2373-2378.

[17] Shin J H, Jun H B. A study on smart parking guidance algorithm[J]. Transportation Research Part C: Emerging Technologies, 2014, 44: 299-317.

[18] Safi Q G K, Luo S, Pan L, et al. VPS: Cloud-based smart vehicle parking system over ubiquitous VANETs[J]. Computer Networks, 2018, 138: 18-30.

[19] Shin J H, Jun H B, Kim J G. Dynamic control of intelligent parking guidance using neural network predictive control[J]. Computers & Industrial Engineering, 2018, 120: 15-30.

[20] Zhao P, Wei L, Pan D, et al. Multicriteria Model for Shared Parking and Parking Route Recommender Systems[J]. Journal of Advanced Transportation, 2022, 2022: 1-17.

[21] Sadreddini Z, Guner S, Erdinc O. Design of a decision-based multicriteria reservation system for the EV parking lot[J]. IEEE Transactions on transportation electrification, 2021, 7(4): 2429-2438.

[22] Mei Z, Zhang W, Zhang L, et al. Optimization of reservation parking space configurations in city centers through an agent-based simulation[J]. Simulation Modelling Practice and Theory, 2020, 99: 102020.

[23] Liu K S, Gao L, Wu X, et al. On-street parking guidance with real-time sensing data for smart cities[C]. 2018 15th Annual IEEE International Conference on Sensing, Communication, and Networking (SECON), IEEE, 2018: 1-9.

[24] He H, Zhang Z, Yan P. A real-time reservation service for smart parking system [C]. 2018 15th international conference on service systems and service management (ICSSSM), IEEE, 2018: 1-6.

[25] Fu J, Chen Z, Sun R, et al. Reservation based optimal parking lot recommendation model in Internet of vehicle environment[J]. China Communications, 2014, 11 (10): 38-48.

[26] Ferreira D C, Silva J A. Tackling cruising for parking with an online system of curb parking space reservations[J]. Case Studies on Transport Policy, 2017, 5 (2): 179-187.

[27] 宁瑞昌. 基于预约模式的停车选择模型研究[D]. 西安: 长安大学, 2017.

第12章 基于停车推荐的序列停车决策行为调查及分析

12.1 序列停车决策行为调查设计及实施

为了分析出行者在提供停车推荐服务下的停车决策行为，这里采用行为调查和意向调查相结合的方法，设计不同出行情景下的停车决策行为调查方案，调查内容包括以下几部分：

1. 个人信息

个人信息包括性别、年龄、职业、月收入、家庭拥有小汽车数量、是否经常开车等。

2. 出行者对停车主要影响因素的关注程度

根据预调查，主要包括对停车后步行距离、停车收费价格、到达停车场的行驶时间、停车场类型的关注程度，选项设置为李克特五级量表，从"非常不重要"到"非常重要"，依次赋值为1～5。

3. 出行者对停车主要影响因素的心理阈值

心理阈值是指一个人的心理承受能力，即当停车场的某一因素超过或小于某一值时，小汽车出行者就会放弃选择该停车场。例如，当停车收费价格超过出行者的可接受能力时，就不会选择该停车场。调查内容主要包括出行者对停车后步行距离、停车收费价格、停车空车位数的可接受程度。问题设计以停车后步行距离为例，询问内容为"当停车后步行距离超过多少时？您将不再考虑选择该停车场"。选项包括：A 1000m；B 800m；C 500m；D 300m；E 200m；F 100m；G 都可接受。同时，还包括期望停车的停车场类型，选项包括：A 路内；B 地面；C 地下；D 都可接受。

4. 出行者对停车信息查看的意向

为了获得出行者对提供的停车信息查看的偏好，设计内容包括：①排序查看停车场信息的数量阈值，问题为"当停车场数量超过多少时，您希望排序查看这些信息？"选项包括：A 3个；B 5个；C 10个；D 20个；②停车场信息排序方式，问题包括两个，分别为"您希望先按什么内容排序停车场信息？""其次按照什么内容排序信息？"，选项包括：A 停车收费价格；B 停车后步行距离；C 空车位数；D 停车场类型；③希望系统二次推荐停车场的信息量阈值，分别给出目的地附近分布有 10 个、20 个、30 个停车场的信息图，如图 12-1 所示，问题为"在哪种情况下，您希望停车推荐服务系统按您的偏好筛选部分停车场供二次选择？"。

5. 序列停车决策行为意向调查

这里设计购物休闲出行和工作出行两种出行情景，调查出行者在停车推荐和预订服务下的停车决策行为。对于购物休闲出行，假设出行者从家（世纪东方城小区）开车去西单

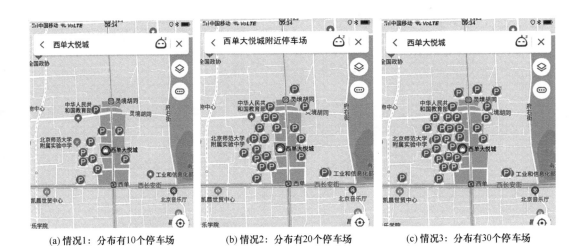

(a) 情况1：分布有10个停车场　　　(b) 情况2：分布有20个停车场　　　(c) 情况3：分布有30个停车场

图 12-1　目的地附近不同数量停车场信息图

大悦城购物和餐饮，购物休闲时间约为 3h，距离约 15km，购物休闲出行情景如图 12-2 所示；对于工作出行，假设出行者从家（珠江骏景小区）开车去望京 SOHO 上班，工作时间约为 8h，距离约 22km，工作出行情景如图 12-3 所示。两种出行情景下均可以通过停车推荐服务系统查询目的地附近停车信息，并可以预订停车场。

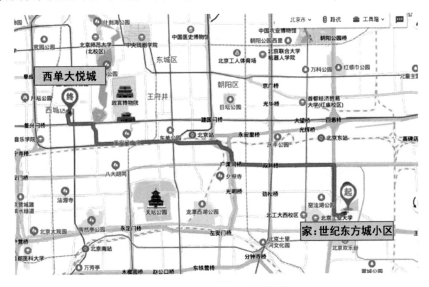

图 12-2　购物休闲出行情景

基于以上出行情景，将不同出行目的下的出行过程划分为出行前、出行中以及出行目的地附近 3 个序列决策点，对于购物休闲出行，出行前为距离目的地 15km，出行中为距离目的地 7.5km，出行目的地附近为距离目的地 2km。对于工作出行，出行前为距离目的地 22km，出行中为距离目的地 10km，出行目的地附近为距离目的地 2km。

对于不同的出行情景，首先询问出行者在出行前是否需要查看停车场信息，如果选择"是"，则呈现此决策点的目的地附近停车场的实时信息，包括停车场分布、停车场空车位数、停车收费价格、停车后步行距离、距离停车场的行程时间和停车场类型，图 12-4 为

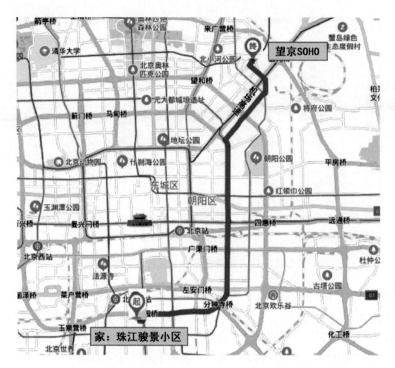

图 12-3　工作出行情景

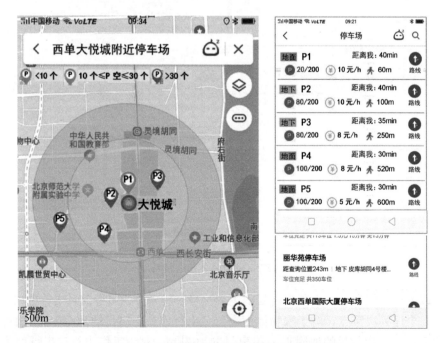

图 12-4　目的地附近停车场的分布及实时信息

目的地附近停车场的分布及实时信息示例，进而询问其是否要根据信息作出停车场的选择，如果选择"是"，则给出可供选择的停车场进行选择，同时，停车推荐服务系统也会给出推荐的停车场，出行者可以选择预订自己选择的停车场，也可以选择预订停车推荐服务系统推荐的停车场，如果出行者选择预订停车场，则不再继续回答后面决策点的问题，停车决策过程结束。否则，出行者将继续回答下一个决策点的问题。

如果出行者在出行前，选择不查看停车场信息或查看了信息也不做出停车场选择和预订的决策，则直接进入出行过程的下一个决策点，根据下一决策点提供的更新的停车场实时信息，继续回答与出行前决策点相同的问题。不同出行决策点的停车决策过程流程图如图 12-5 所示。对于预订了停车推荐服务系统推荐的停车场的出行者，其预订的推荐停车场通过本书第 13.1 节的停车推荐模型获得。对于在整个决策过程都不查看停车信息，即不使用停车推荐服务系统的出行者，到达目的地后根据周边停车场所在位置，按由近及远的原则，选择最近的且有空车位的停车场停车。

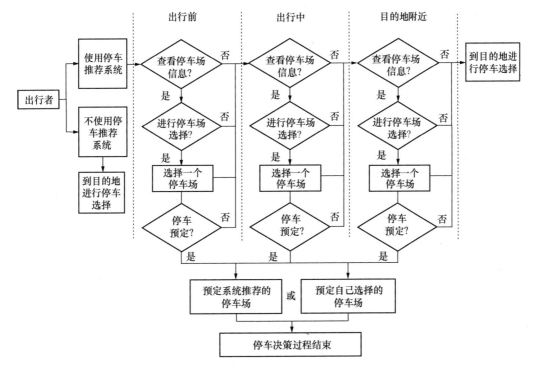

图 12-5　不同出行决策点的停车决策过程流程图

为了了解不同停车信息下出行者的选择行为差异，在购物休闲出行和工作出行两种情景下，改变停车后步行距离、停车收费价格、行驶时间、空余泊位、停车类型信息，分别设计了两个停车意向选择方案。在购物休闲出行情景下的两个意向方案均呈现目的地附近的 5 个停车场信息，在工作出行情景下分别呈现 4 个和 3 个停车场信息。购物休闲出行情景和工作出行情景下不同决策点的停车选择意向设计分别如表 12-1 和表 12-2 所示。对于购物休闲出行情景下的意向设计方案 1，出行前、出行中和目的地附近的推荐停车场均为 P1 停车场（表 12-1、表 12-2 中加粗文字显示，下同）；对于意向设计方案 2，出行前、出行中和目的地附近的推荐停车场分别为 P1、P1 和 P2 停车场。在工作出行情景下，对于意向设计方案 1，出行前、出行中和目的地附近的推荐停车场分别为 P1、P2 和 P2 停车场；对于意向设计方案 2，出行前、出行中和目的地附近的推荐停车场均为 P1 停车场。

购物休闲出行情景下不同决策点的停车选择意向设计方案 表 12-1

决策点	意向设计方案 1					意向设计方案 2				
	停车场	步行距离(m)	行驶时间(min)	停车收费价格(元/h)	空车位数/总车位数(个)	停车场	步行距离(m)	行驶时间(min)	停车收费价格(元/h)	空车位数/总车位数(个)
出行前	**P1 地面**	**60**	**50**	**10**	**30/200**	P1 地面	60	40	10	20/200
	P2 地下	100	40	15	100/200	P2 地下	100	40	10	80/200
	P3 地下	250	30	15	100/200	P3 地下	250	35	8	80/200
	P4 地面	400	30	8	80/200	P4 地面	520	30	8	100/200
	P5 地面	600	40	6	120/200	P5 地面	600	30	5	100/200
出行中	**P1 地面**	**60**	**25**	**10**	**20/200**	P1 地面	60	20	10	10/200
	P2 地下	100	20	15	60/200	P2 地下	100	20	10	20/200
	P3 地下	250	15	15	60/200	P3 地下	250	18	8	30/200
	P4 地面	400	15	8	60/200	P4 地面	520	18	8	80/200
	P5 地面	600	20	6	100/200	P5 地面	600	15	5	100/200
目的地附近	**P1 地面**	**60**	**15**	**10**	**6/200**	P1 地面	60	10	10	3/200
	P2 地下	100	10	15	15/200	**P2 地下**	**100**	**10**	**10**	**8/200**
	P3 地下	250	8	15	30/200	P3 地下	250	8	8	15/200
	P4 地面	400	8	8	15/200	P4 地面	520	5	8	80/200
	P5 地面	600	10	6	80/200	P5 地面	600	5	5	80/200

工作出行情景下不同决策点的停车选择意向设计方案 表 12-2

决策点	意向设计方案 1					意向设计方案 2				
	停车场	步行距离(m)	行驶时间(min)	停车收费价格(元/h)	空车位数/总车位数(个)	停车场	步行距离(m)	行驶时间(min)	停车收费价格(元/h)	空车位数/总车位数(个)
出行前	**P1 地面**	**60**	**40**	**10**	**10/200**	P1 地面	20	40	6	50/200
	P2 地下	180	40	8	10/200	P2 地下	180	30	10	120/200
	P3 地下	300	35	8	80/200	P3 地面	500	30	6	90/200
	P4 地面	500	30	6	100/200					
出行中	P1 地面	60	25	10	0/200	**P1 地面**	**20**	**25**	**6**	**20/200**
	P2 地下	**180**	**18**	**8**	**20/200**	P2 地下	180	15	10	100/200
	P3 地下	300	18	8	30/200	P3 地面	500	15	6	50/200
	P4 地面	500	15	6	80/200					
目的地附近	P1 地面	60	20	10	0/200	**P1 地面**	**20**	**10**	**6**	**8/200**
	P2 地下	**180**	**8**	**8**	**5/200**	P2 地下	180	8	10	60/200
	P3 地下	300	8	8	20/200	P3 地面	500	10	6	20/200
	P4 地面	500	5	6	50/200					

在出行前、出行中和目的地附近 3 个决策点，如果出行者选择查看停车场信息，在完成了停车场选择决策问题后，需要给出决策过程中使用的停车信息查看方式，如图 12-6 所示，包括按停车场查看、按影响因素查看和按混合方式查看，询问出行者的信息查看方式。如果出行者选择按停车场查看或按混合方式查看，继续询问出行者具体查看了哪些停车场的信息；如果选择按影响因素查看或按混合方式查看，询问出行者对比了哪些具体的影响因素信息，以分析出行者对停车信息的查看习惯和行为。

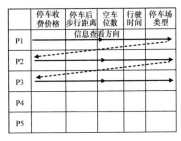 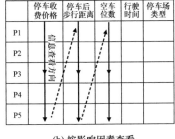

(a) 按停车场查看　　　　　(b) 按影响因素查看　　　　　(c) 按混合方式查看

图 12-6　停车信息查看方式

调查通过"问卷星"进行停车决策过程的问题跳转设计，并通过网络发放问卷，调查时间为 2020 年 12 月—2021 年 1 月，共收回问卷 692 份，其中有效问卷 633 份，调查对象为拥有小汽车的人群。

12.2　序列停车决策行为调查数据初步分析

12.2.1　个人信息分析

根据调查数据进行统计，得到个人信息汇总如表 12-3 所示，其中，男性占 60%，女性占 40%。年龄主要分布在 26～35 岁之间，占 47%。职业主要为事业、科研单位人员、其他和专业技术人员，占比分别为 29%、28% 和 22%。个人月收入主要分布在 10000 元以内，约占 82%。69% 的被访者会经常开车。71% 的被访者家中拥有 1 辆汽车，拥有 2 辆汽车的比例为 20%。

个人信息汇总　　　　　　　　　　　　　　　表 12-3

调查内容	分类选项	比例（%）	调查内容	分类选项	比例（%）
性别	男	60	是否经常开车	是	69
	女	40		否	31
年龄（岁）	18～25	29	家庭拥有汽车数量（辆）	1	71
	26～35	47		2	20
	36～45	14			
	46～60	10		≥3	9
	>60	0			

续表

调查内容	分类选项	比例（%）	调查内容	分类选项	比例（%）
职业	事业、科研单位人员	29	个人月收入（元）	＜3000	26
	专业技术人员	22		3000～5000	25
	自由工作者	17		5000～10000	31
	企业中高级管理人员	4		10000～15000	10
				15000～20000	7
	其他	28		＞20000	1

12.2.2 停车影响因素关注程度分析

1. 购物休闲出行情景下对停车因素的关注程度

由图 12-7 可知，在购物休闲出行情景下，出行者对于停车后步行距离、到达停车场行驶时间、停车收费价格和空车位数的关注程度主要为一般重要、比较重要和非常重要，其中，比较重要和非常重要的合计占比分别为 71%、63%、61% 和 69%。而对于停车场类型的关注程度主要为不重要、一般重要和比较重要，其中，选择不重要的占比较高，为36%。表明出行者对停车后步行距离、到达停车场行驶时间、停车收费价格和空车位数的关注程度较高，且高于停车场类型。

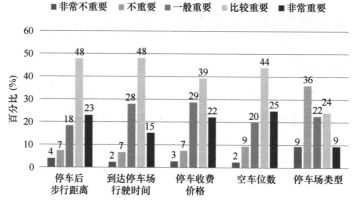

图 12-7 购物休闲出行情景下对停车因素的关注程度

2. 工作出行情景下对停车因素的关注程度

由图 12-8 可知，在工作出行情景下，出行者对于停车后步行距离、到达停车场行驶时间、停车收费价格和空车位数的关注程度主要为一般重要、比较重要和非常重要，其中，比较重要和非常重要合计占比分别为 74%、73%、65% 和 65%，对停车后步行距离、到达停车场行驶时间、停车收费价格三因素的关注程度高于购物休闲出行情景。而对于停车场类型的关注程度主要为不重要、一般重要和比较重要，其中，选择不重要的占比较高，为 30%。

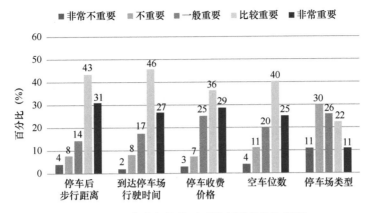

图 12-8　工作出行情景下对停车因素关注程度

12.2.3　停车影响因素心理阈值分析

由图 12-9 可知，在购物休闲出行情景下，当停车后步行距离大于 500m 和 800m 时，不再选择该停车场的比例分别为 38% 和 22%。在工作出行情景下，当停车后步行距离超过 500m 和 800m 时，不再选择该停车场的比例分别为 34% 和 21%。因此，在不同出行目的下，出行者可接受的停车后步行距离心理阈值为 500~800m，在停车推荐服务系统中可以作为推荐停车场时筛选停车场的范围阈值。

由图 12-10 可知，在购物休闲出行情景下，当停车收费价格大于 10 元/h 和 15 元/h 时，出行者不再考虑选择该停车场比例分别为 29% 和 28%，说明出行者可接受的停车后步行距离阈值为 10~15 元/h。在工作出行情景下，小汽车出行者可接受的停车收费价格阈值为 8 元/h 和 10 元/h，占比分别为 36%、31%，说明出行者可接受的停车收费价格阈值主要在 8~10 元/h。工作出行情景下出行者可接受的停车收费价格阈值低于购物休闲出行情景。

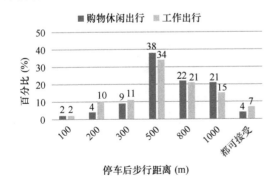

图 12-9　对停车后步行距离的心理阈值

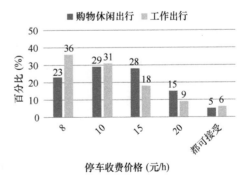

图 12-10　对停车收费价格的心理阈值

由图 12-11 可知，在购物休闲出行情景下，当停车场空车位数小于 5 个和 10 个时，不再考虑选择该停车场的比例较高，分别为 22% 和 29%，说明出行者可接受的停车空车位数主要是 5~10 个。在工作出行情景下，当停车场空车位数小于 1 个、2 个、5 个和 10 个时，不再选择该停车场的比例分别为 23%、14%、21% 和 26%，分布相对比较分散。总体上看，在不同出行目的下，当停车场空车位数量大于 10 个时，多数出行者会选择该停车场。

由图 12-12 可知，在购物休闲出行情景下，出行者期望的停车场类型中，主要为地面停车场和都可接受，占 79％，其中，选择都可接受的比例为 52％。在工作出行情景下，出行者期望的停车场类型主要为地面停车场和都可接受，占 77％，选择都可接受的比例为 51％。表明，在不同出行情景下，出行者不太关注停车场的类型。

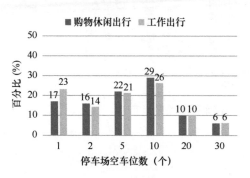

图 12-11　对停车场空车位数的心理阈值

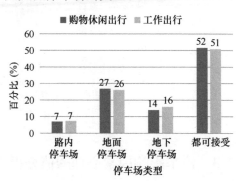

图 12-12　期望的停车场类型

12.2.4　停车信息查看意向分析

由图 12-13 可知，在停车推荐服务系统可以查看停车信息的情况下，当给出的目的地附近停车场数量超过 3 个时，有 27％的被访者需要排序查看停车场信息，当给出的目的地附近停车场数量分别超过 5 个和 10 个时，分别有 36％和 29％的被访者需要排序查看停车场信息。说明，多数人认为停车场信息需要排序的数量是 5 个以上。

由图 12-14 和图 12-15 可知，在查看停车场信息时，分别有 40％、26％、26％的出行者分别希望首先按照停车后步行距离、停车收费价格和空车位数进行排序，41％、33％和 20％的出行者希望其次按照停车收费价格、停车后步行距离和空车位数排序停车场。说明，出行者希望首先以停车后步行距离排序停车场信息，其次是停车收费价格，最后是空车位数。

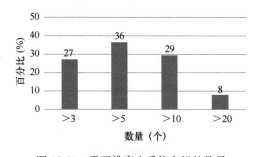

图 12-13　需要排序查看停车场的数量

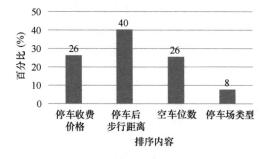

图 12-14　希望首先进行停车场排序的内容

由图 12-16 可知，40％的出行者认为，当目的地附近呈现的停车场数量为 10 个时，希望停车推荐服务系统按照自己的偏好筛选部分停车场供二次选择，而 41％的出行者认为停车场数量为 20 个时，希望停车推荐服务系统进行二次推荐停车场供选择，表明，多数出行者认为停车场数量达到或超过 20 个时，需要停车推荐服务系统进行二次推荐停车场，以便更好地进行停车选择。

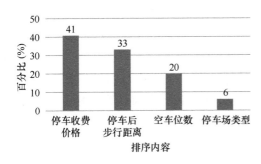

图 12-15 希望其次进行停车场排序的内容

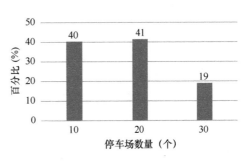

图 12-16 二次推荐停车场的信息量阈值

12.2.5 出行过程中停车选择意向分析

1. 出行过程中查看停车信息分布

由图 12-17 可知，在购物休闲出行情景下，对于提供停车推荐和预订服务时，在出行前、出行中和目的地附近分别有 55%、30% 和 50% 的出行者选择查看停车场信息。而在工作出行情景下，图 12-18 显示，在出行前、出行中和目的地附近分别有 50%、20% 和 48% 的出行者选择查看停车场信息。表明出行者主要在出行前和目的地附近查看停车信息，而且在购物休闲出行情景下查看信息的比例相对高一些。

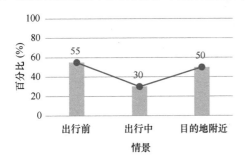

图 12-17 购物休闲出行情景下查看停车信息比例 　图 12-18 工作出行情景下查看停车信息比例

由图 12-19 可知，在购物休闲出行情景下，在出行前、出行中和目的地附近，出行者主要的信息查看方式分别为按停车场查看、按影响因素查看和按混合方式查看，分别占 37%、41% 和 41%。而在工作出行情景下，图 12-20 显示，在出行前、出行中和目的地附

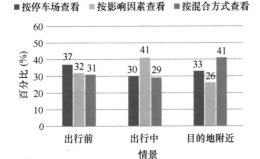

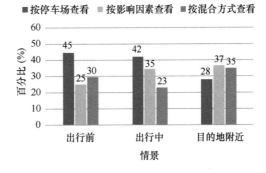

图 12-19 购物休闲出行情景下停车信息查看方式 　图 12-20 工作出行情景下停车信息查看方式

近，出行者主要的信息查看方式分别为按停车场查看、按停车场查看和按影响因素查看、按混合方式查看，分别占 45%、42% 和 37%、35%。表明出行者在出行目的地附近需要综合考虑停车场及其停车影响因素，进而作出停车选择。

由图 12-21 和图 12-22 可知，在两种出行情景下，在不同的出行阶段，出行者在出行过程中平均查看停车场的数量约为 2 个，分布差异不大，出行中和目的地附近平均查看的停车场数量略高。

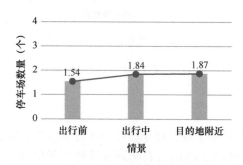

图 12-21　购物休闲出行情景下
平均查看停车场数量

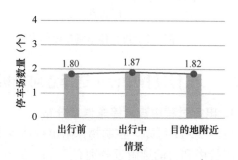

图 12-22　工作出行情景下
平均查看停车场数量

由图 12-23 和图 12-24 可知，总体上看，在两种出行情景下，在不同的出行阶段，查看的停车场影响因素为 2～3 个，出行者在接近目的地的过程中，查看的停车影响因素数量总体是增加的。尤其是在工作出行情景下，在目的地附近查看停车影响因素的数量比较高。

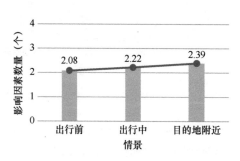

图 12-23　购物休闲出行情景下平均
查看影响因素数量

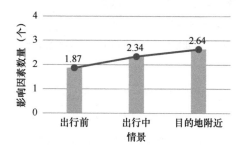

图 12-24　工作出行情景下平均
查看影响因素数量

2. 序列停车决策过程选择意向

从图 12-25 可以看出，在购物休闲出行情景下，出行前不使用停车推荐服务系统查看信息和查看信息但不预订停车场的出行者占比分别为 36% 和 26%，预订自己选择的停车场和预订系统推荐的停车场的比例分别是 4% 和 34%。对于出行前 62% 的没有进行停车预订的出行者，在出行中阶段进行决策时，不使用停车推荐服务系统查看信息和查看信息但不预订停车场的出行者分别占 42% 和 13%，预订停车场的比例为 7%。在目的地附近进行决策时，对于总样本中 55% 的没有进行停车预订的出行者，不使用停车推荐服务系统查看信息和查看信息且不预订的出行者分别占 34% 和 11%，预订停车场的比例是

10％。可以得出，在出行前预订停车场的比例最大为38％，其次是在目的地附近和出行中。出行者中进行停车预订的比例总计为55％，大部分为预订系统推荐的停车场，占比为47％，说明出行者愿意接受停车推荐服务系统。

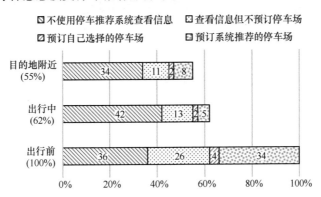

图 12-25　购物休闲出行情景下不同出行决策点的停车选择比例

由图 12-26 可以看出，在工作出行情景下，出行前不使用停车推荐服务系统查看信息和查看信息但不预订停车场的出行者占比分别为50％和13％，预订系统推荐的停车场和自己选择的停车场的比例为37％。对于出行前63％的没有进行停车预订的出行者，在出行中阶段进行决策时，不使用停车推荐服务系统查看信息和查看信息且不预订的出行者分别占51％和5％，预订停车场的比例为7％。在目的地附近进行决策时，对于总样本中56％的没有进行停车预订的出行者，预订停车场的比例是21％。可以得出，在出行前预订停车场的比例最大为37％，其次是在目的地附近，为21％。出行者进行停车预订的比例总计为65％，大于购物休闲出行情景下的预订比例。

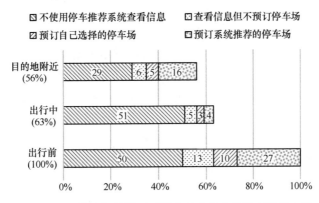

图 12-26　工作出行情景下不同出行决策点的停车选择比例

12.3　小结

本章通过设计序列停车决策行为调查，获得了出行者对停车影响因素关注程度、心理阈值和停车影响因素查看意向，也得到了出行过程中在出行前、出行中、目的地附近决策点的停车选择和预订意向数据，为动态停车推荐方案的制定提供了依据。

第 13 章 动态停车推荐模型及模拟评价

13.1 停车推荐模型及决策过程模型

13.1.1 停车推荐模型

1. 考虑出行者心理阈值和关注度的停车推荐流程

在提供停车推荐和预订服务下，假设出行者可以通过移动终端应用程序输入出行的起讫点、对停车主要影响因素的心理阈值和关注程度，并且停车推荐服务系统可以获得出行者的实时位置、目的地附近一定范围内的停车场实时信息，并可实时发布给出行者。

停车推荐服务系统的推荐流程为：首先，根据出行者的出行信息、停车因素心理阈值和目的地附近停车场实时信息初步筛选满足出行者需求的停车场，作为某一出行决策点的候选停车场。然后，对候选停车场影响因素信息进行标准化，分别从出行者和管理者利益角度分别计算候选停车场的效用。最后，通过两种效用的调整比例系数得到综合的候选停车场的效用值，以效用最大原则给出较优的推荐停车场，发布给出行者。具体推荐流程分为以下三步。

（1）第一步：确定候选停车场

根据某一出行决策点下目的地附近的停车场信息，基于出行者对停车后步行距离、停车收费价格、停车场空车位数三种因素的心理阈值，筛选同时满足三种因素心理阈值的停车场作为候选停车场，如果不存在满足该条件的停车场，则筛选满足三种因素中任一因素心理阈值的停车场作为候选停车场。如果也不存在满足该条件的停车场，则目的地附近一定范围内的所有有空车位数的停车场都可作为候选停车场。变量 $\boldsymbol{Z}_{tij}$ 表示候选停车场集合，如果出行者 i 在决策时刻 t 的目的地附近停车场 j 满足出行者的心理阈值条件，可以作为候选停车场，则变量 $\boldsymbol{Z}_{tij}=1$，否则 $\boldsymbol{Z}_{tij}=0$。

（2）第二步：候选停车场属性信息的标准化

根据候选停车场集合 $\boldsymbol{Z}_{ti}$ 和停车场的实时信息，得到出行者 i 在决策时刻 t 的候选停车场影响因素矩阵 $\boldsymbol{B}_{ti}$，$\boldsymbol{B}_{ti}=\{L_k, C_k, O_{tk}\}$。其中，$k$ 为候选停车场编号，C_k 为 t 时刻第 k 个停车场的停车收费价格，L_k 为 t 时刻第 k 个停车场到目的地的步行距离，O_{tk} 为 t 时刻第 k 个停车场的停车空车位数。

对候选停车场影响因素，从出行者和管理者利益角度分别进行标准化，如果从出行者利益角度考虑，式（13-1）和式（13-2）为候选停车场因素的标准化方法，即停车收费价格越低，停车后步行距离越短，出行者的效益越大。出行者 i 的候选停车场影响因素标准化矩阵为 $\boldsymbol{R}_{ti}^1=\{l_k, c_k\}$。

$$l_k = \frac{\min(L_k)}{L_k} \quad (k=1,2,\cdots,m) \tag{13-1}$$

$$c_k = \frac{\min(C_k)}{C_k} \quad (k = 1, 2, \cdots, m) \tag{13-2}$$

式中　l_k，c_k——第 k 个候选停车场的停车后步行距离和停车收费价格的标准化值；

　　　　m——候选停车场数量。

如果从管理者角度考虑，其主要关注停车场利用情况，在停车需求较高区域，通过停车推荐服务系统引导出行者到空车位数较多的停车场停车，减少寻泊，提高停车场利用率，因而，停车场空车位数因素标准化公式如式（13-3）所示，从管理者角度影响因素标准化矩阵为 $\boldsymbol{R}_{tg}^2 = \langle o_{tk} \rangle$。

$$o_{tk} = \frac{O_{tk}}{\max(O_{tk})} \quad (k = 1, 2, \cdots, m) \tag{13-3}$$

式中　o_{tk}——t 时刻第 k 个候选停车场空车位数的标准化值。

（3）第三步：计算候选停车场效用值，得到推荐停车场

根据调查得到的出行者对停车影响因素的关注程度，采用式（13-4）计算得到出行者对停车收费价格、停车后步行距离因素的关注权重矩阵 $\boldsymbol{W}_i = [w_{ic}, w_{il}]$。

$$w_{iq} = \frac{d_{iq}}{\sum\limits_{q=l}^{c} d_{iq}} \quad (q = l, c) \tag{13-4}$$

式中　d_{iq}——出行者 i 对影响因素 q 的关注程度。

t 时刻出行者 i 对候选停车场的效用值如式（13-5）所示，进而可以选择效用最大的停车场推荐给出行者。

$$E_{ti} = \lambda W_i R_{ti}^1 + (1-\lambda)\boldsymbol{R}_{tg}^2 \tag{13-5}$$

式中　λ——出行者和管理者效用的调整比例系数。

2. 基于出行者和管理者利益的停车推荐方案

根据调整比例系数 λ 的不同取值，得到静态停车推荐方案和动态停车推荐方案，如表 13-1 所示，对于静态停车推荐方案，调整比例系数 λ 取固定值，这里取 1、0、0.5，分别代表出行者最优、管理者最优、出行者和管理者最优相结合的情况，即方案 1、方案 2、方案 3。对于动态停车推荐方案，调整比例系数 λ 的取值随着停车场利用情况动态变化，即方案 4 和方案 5，其中，在方案 5 中，假设停车泊位占有率调节阈值为 θ，可以根据停车场利用情况与阈值的关系提供动态停车推荐服务。

系统停车推荐方案　　　　　　　　　　　　表 13-1

推荐方案		类别	调整比例系数 λ	说明
静态停车	方案 1	出行者效益最优	$\lambda = 1$	以出行者利益最大进行停车推荐
	方案 2	管理者效益最优	$\lambda = 0$	以停车场资源利用均衡为目标进行停车推荐
	方案 3	出行者和管理者效益最优	$\lambda = 0.5$	同时考虑出行者和管理者的利益

推荐方案		类别	调整比例系数 λ	说明
动态停车	方案4	出行者和管理者效益最优	$\lambda = 1 - \overline{P_{tk}}$	$\overline{P_{tk}}$ 为 t 时刻目的地附近停车泊位占有率平均值，当 $\overline{P_{tk}}$ 较大时，表示以停车资源利用均衡为主推荐停车场；当 $\overline{P_{tk}}$ 较小时，表示以出行者利益最大为主推荐停车场
	方案5	出行者和管理者效益最优	$\lambda = 1 - \overline{P_{tk}}$，当 $P_{tk}^m > \theta$ $\lambda = 1$，当 $P_{tk}^m \leqslant \theta$	P_{tk}^m 为 t 时刻目的地附近停车泊位占有率的中位数值，当 $P_{tk}^m > \theta$ 时，以停车资源利用均衡为主推荐停车场；当 $P_{tk}^m \leqslant \theta$ 时，以出行者利益最大进行推荐

13.1.2 个体停车决策过程模型

对于使用停车推荐服务系统查看停车场信息，进而预订自己选择的停车场和整个决策过程中都不预订停车场的出行者，其停车决策过程，首先根据出行者对停车因素的心理阈值和停车场的实时信息，初步筛选得到满足出行者需求的候选停车场，筛选过程类似于候选停车场筛选规则。若筛选得到候选停车场仅为1个，则为个体决策最终选择的停车场，若筛选得到的停车场数量大于1个，根据出行者对停车因素的关注程度，从首要关注因素开始，比较候选停车场，如果该因素下仍存在2个及以上的最优停车场选择，则继续考虑使用次要关注因素进行停车场比较，直到得到较优的1个停车场。若从三个停车影响因素（停车后步行距离、行驶时间、停车收费价格）上都没有得到较优的停车场，则从候选停车场中随机选取一个停车场作为最后选择的停车场。对于没有使用停车推荐服务系统查看停车场信息的出行者，停车决策过程依照就近停车原则。

13.2 停车模拟情景和初始设置

以购物休闲出行情景为例，假设目的地西单大悦城附近1km范围内有5个停车场，依次表示为Park1~Park5，目的地附近停车场初始信息见表13-2，假设每个停车场的停车位数量约为200个。这些停车场实行差别化停车收费，停车收费价格随着与距离目的地的步行距离增加而逐渐降低。

目的地附近停车场初始信息 表13-2

停车场	距离目的地的步行距离 （m）	剩余空车位数 （个）	停车收费价格 （元/h）
Park 1	60	20	10
Park 2	100	80	10
Park 3	250	80	8
Park 4	520	100	8
Park 5	600	100	5

假设小汽车出行者在与目的地的距离为5~30km范围内随机生成，生成率服从均值为23辆/5min的泊松分布，出行距离在5km以下时主要通过慢行交通或公交出行。根据

北京市道路交通状况，小汽车出行平均行驶速度设置为 20～50km/h。小汽车出行者购物休闲出行的停车时间分布为：≤0.5h 占 4％，0.5～1h 占 8％，1～2h 占 16％，2～3h 占 32％，3～4h 占 22％，≥4h 占 18％。车辆达到停车时长后自动离开停车场。初始停在停车场的车辆按照 3 辆/5min 的频率离开。

将出行者的生成位置、出行距离中间位置和目的地附近位置作为出行者在出行过程中的出行前、出行中和目的地附近三个决策点，出行者在各决策点可以查看停车场信息，进行停车场选择或预订。各出行决策点停车预订比例依据停车决策行为调查数据结果，出行前、出行中、目的地附近预订系统推荐的停车场比例分别是：35％、5％、8％。出行者对停车影响因素的心理阈值和关注程度通过调查数据的分布随机赋值。停车预订费为 2 元/次，停车费为每 15min 计一次，未满 15min 按 15min 计。

运用 Python 编程，基于停车推荐模型及个体停车决策过程模型，对提供停车推荐服务下的购物出行过程进行动态模拟。整个模拟时间约 270min，停车调节启动阈值 θ 取 70％，总体上车辆到达目的地的数量大于离开数量。

13.3　停车推荐方案运行效果模拟和评价

对方案 1～方案 5 进行动态模拟，分析停车场利用的动态变化趋势并对方案进行运行效果评价。

1. 不同停车推荐方案下各停车泊位占有率的动态变化

如图 13-1 所示，对于方案 1，即 $\lambda=1$ 时，从出行者角度进行停车推荐，总体上出行者先选择距离目的地较近的停车场，距离较近的停车场饱和后再选择停在较远处。Park5 的停车后步行距离虽然比 Park4 稍远，但 Park5 停车收费价格较低，综合效用高，因此，Park5 选择比例较高。

对于方案 2，即 $\lambda=0$ 时，从管理者角度以停车资源利用均衡为目标进行停车推荐，图 13-2 显示，经过一段时间的停车调节，能够使各个停车泊位占有率基本保持在相同的水平上，并随着停车需求增大或减少同步变化。对于方案 3，即 $\lambda=0.5$ 时，同时考虑出行者和管理者的利益，图 13-3 显示，停车泊位占有率变化趋势是方案 1 和

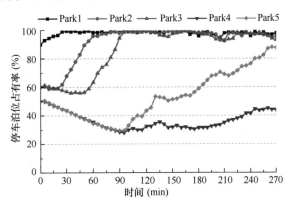

图 13-1　方案 1 下停车泊位占有率动态变化图

方案 2 的综合结果。所以，调整比例系数 λ 越小，停车场管理者效用比例越大，越容易使各停车场在短时间内达到均衡利用。

对于方案 4 和方案 5，可以根据停车场的总体利用情况来进行停车推荐，在方案 4 下，即根据目的地附近停车泊位占有率均值进行停车推荐，初始停车泊位占有率平均值为 62％，相对较高，图 13-4 显示，随着停车需求增加，目的地附近停车泊位占有率上升，调整比例系数 λ 逐渐降低，使得各个停车泊位占有率变化趋势与方案 2 下的运行效果基本

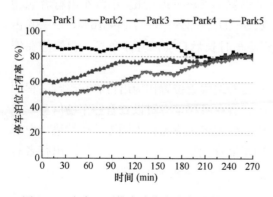

图 13-2　方案 2 下停车泊位占有率动态变化图

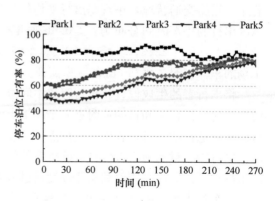

图 13-3　方案 3 下停车泊位占有率动态变化图

相同。在方案 5 下，根据停车泊位占有率的中位数和调节启动阈值进行停车推荐，图 13-5 显示，在初始阶段，由于目的地附近的停车泊位占有率中位数为 62%，小于 70%，以出行者效益最优进行停车推荐，总体上，按照距离目的地由近及远的顺序，停车泊位占有率逐渐增加。当到达 65min 左右时，目的地附近停车泊位占有率中位数达到调节启动阈值 70%，此时开始，以平衡停车资源的利用进行停车推荐，停车泊位占有率的变化趋势逐渐接近均衡。

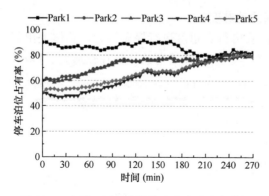

图 13-4　方案 4 下停车泊位占有率动态变化图

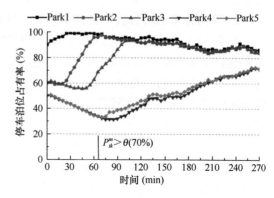

图 13-5　方案 5 下停车泊位占有率动态变化图

2. 不同停车推荐方案下的模拟结果评价

为了评估不同停车推荐方案实施的效果，从出行者和管理者两个角度出发，分析了多项评价指标，如表 13-3 所示。从出行者角度出发，计算个体出行者的停车选择满足其对三个停车因素（停车后步行距离、停车收费价格、空车位数）的心理阈值的比例，以及满足主要关注停车因素心理阈值的比例和次要关注停车因素心理阈值的比例，还包括出行者选择的停车场的平均步行距离和平均停车费用。同时，将样本分为两类进行统计评价指标，第一类是停车预订群体，他们会根据停车推荐服务系统提供的推荐方案或者自己选择的停车场进行预订；第二类是非停车预订群体，他们不进行停车预订或者不使用停车推荐服务系统。此外，还从管理者的角度给出了累计停车收入。

不同停车推荐方案下的模拟结果　　表 13-3

停车推荐方案	与出行者相关的评价指标 （总体/停车预订群体/非停车预订群体）					与管理者相关的评价指标
	全因素心理阈值同时满足比例（%）	首要关注因素心理阈值满足比例（%）	次要关注因素心理阈值满足比例（%）	人均停车后步行距离（m）	人均停车费（包括预订费）（元）	累计停车收入（元）
方案 1	71/74/66	84/85/83	82/84/80	267/262/273	24/24/24	28961
方案 2	97/98/96	92/95/89	91/92/89	298/362/211	24/23/23	28264
方案 3	97/98/96	92/95/89	91/92/89	294/359/209	24/23/24	28309
方案 4	97/98/96	92/95/89	91/92/89	297/362/208	24/23/25	28239
方案 5	92/92/91	91/92/87	89/90/88	287/331/227	24/23/24	28499

不同停车推荐方案下的仿真结果如表 13-3 所示，关于与出行者相关的评价指标，全因素心理阈值同时满足比例、首要关注因素心理阈值满足比例和次要关注因素心理阈值满足比例，在方案 2、方案 3、方案 4、方案 5 下，约有 90% 及以上的出行者选择的停车场满足了其心理阈值。而方案 1 下出行者选择的停车场满足其心理阈值的比例较低，分别为71%、84% 和 82%。但方案 1 下出行者的停车后平均步行距离最短，为 267m/人。各方案的人均停车费大致相同，方案间累计停车收入整体相差不大，方案 1 最大为 28961 元。

不同停车推荐方案下，停车预订群体选择的停车场的因素心理阈值满足比例高于非停车预订群体。同时，在方案 2、方案 3、方案 4、方案 5 下，停车预订群体的停车后平均步行距离明显高于非停车预订群体。非停车预订群体的平均停车费略高，由于其不进行停车预订或不使用停车推荐服务系统，主要选择离目的地较近的停车费较高的停车场停车。这表明，使用停车推荐服务系统可以提高个体的停车体验和满意度，但会增加停车后的步行距离。

综上所述，从出行者角度进行停车推荐的方案 1，存在近处停车泊位饱和而远处停车泊位空余的不均衡利用现象。人均停车后步行距离较低，出行者选择的停车场对其心理阈值满足比例相对较低。比较适合在停车需求较小、停车场利用率较低的情况下使用。

方案 2～方案 4 在各停车泊位占有率动态变化趋势和评价指标方面大致相同，均能起到有效均衡停车场资源利用的调节作用，且调整比例系数越小，均衡调节速度越快。由于模拟开始即启动从管理者角度的系统均衡停车场利用调节，因此，停车预订群体停车后的平均步行距离较高，其选择的停车场满足心理阈值的比例也相对较高。因此，方案 2、方案 3、方案 4 更适合在停车需求较高、停车场利用率持续较高的情况下使用。

方案 5（根据停车场利用情况和占有率调节阈值的关系进行动态推荐）能够兼顾出行者和管理者的利益，在停车场占有率较小的阶段，以出行者效益最优进行停车推荐，满足出行者需求和心理阈值的比例较高，当停车需求增加、停车场占有率较高时启动系统调节，使得各停车场资源利用均衡，但都能保持一定比例的空余泊位，从而减少停车寻泊现象。综合分析，方案 5 的效果最好，后续章节将进一步探讨其在不同情况下的运行效果。

13.4 不同情景下的停车推荐方案运行效果分析

13.4.1 不同初始停车泊位利用情况下的模拟结果分析

为了分析方案5在不同初始停车利用情况下的效果，基于购物休闲出行情景，给出两种不同的初始停车泊位利用情况，一种是停车泊位紧缺，从Park1到Park5的初始空车位数分别为20、30、40、50、80。另一种是停车泊位充足，从Park1到Park5的初始空车位数分别为100、120、150、160、180。在这两种情况下进行停车模拟，对运行结果进行评价。

1. 不同初始停车利用情况下停车泊位占有率的动态变化

图13-6呈现不同初始停车利用条件下停车泊位占有率动态变化图，图13-6(a)与作为初始设置下的停车泊位占有率变化趋势图13-5相比，在初始停车泊位紧缺的情况下，方案5能够快速平衡停车场资源利用，大约在130min时，各停车泊位占有率基本接近均衡状态。而在初始停车泊位充足的情况下，图13-6(b)显示，在开始阶段主要以出行者利益最大进行停车推荐，总体上，距离目的地近的停车泊位占有率逐渐上升，接近饱和。在135min时，各停车泊位占有率中位数达到调节阈值70%时，系统开始从平衡停车资源利用的角度进行停车推荐，此时，会向出行者推荐远处的停车场，Park4和Park5的停车泊位占有率开始迅速上升。

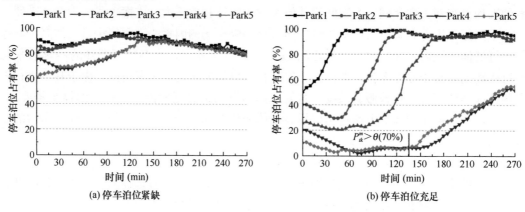

图13-6　不同初始停车利用条件下停车泊位占有率动态变化图

2. 不同初始停车利用情况下的模拟结果评价

表13-4显示，在全因素心理阈值同时满足比例、首要关注因素心理阈值满足比例、次要关注因素心理阈值满足比例方面，初始停车泊位充足情况下比停车泊位紧缺情况下略低，主要是由于初始停车泊位充足情况下，是以出行者利益最大进行停车推荐，在这种情况下，距离目的地近的停车场先饱和，后续的出行者只能停到距离较远的停车场。而在停车泊位紧缺情况下，开始即启动系统均衡调节，不会导致距离目的地近的停车场过度饱和，但人均停车后步行距离会增加。不同初始停车泊位利用情况下，人均停车费用和累计停车收入相差不大。与非停车预订群体相比，使用停车推荐服务系统进行停车预订群体的停车选择心理阈值满足比例在不同情况下均较高，其人均停车后步行距离也较高。因此，方案5能适用于不同的初始停车供需情况，可以起到很好的调节停车需求的作用。

	不同初始停车利用情况下的模拟结果					表 13-4
初始停车利用情况	与出行者相关的评价指标 （总体/停车预订群体/非停车预订群体）					与管理者相关的评价指标
	全因素心理阈值同时满足比例（%）	首要关注因素心理阈值满足比例（%）	次要关注因素心理阈值满足比例（%）	人均停车后步行距离（m）	人均停车费（包括预订费）（元）	累计停车收入（元）
初始设置	92/92/91	91/92/87	89/90/88	287/331/227	24/23/24	28499
停车泊位紧缺	93/94/91	91/94/87	90/91/88	300/364/213	24/23/24	28170
停车泊位充足	87/90/84	89/91/87	88/89/86	261/276/239	24/25/24	29034

13.4.2　不同停车预订比例条件下的模拟结果分析

根据调查数据，出行前、出行中、目的地附近三个决策点的停车预订比例分别为35%、5%、8%，出行前预订比例最高，作为初始预订情景。保持总停车预订比例和其他条件不变，改变不同决策点的停车预订比例，设置两种不同的情景，预订情景1中三个出行决策点的停车预订比例依次为5%、35%、8%，其中，出行中停车预订比例最高。预订情景2中三个决策点的预订比例分别为8%、5%、35%，其中，目的地附近停车预订比例最高。

1. 不同停车预订比例下停车泊位占有率的动态变化

在初始预订情景下，图13-5显示在方案5下，大约在65min时，停车泊位占有率中位数达到阈值70%，开始启动系统调节，而在预订情景1和预订情景2下，即出行中和出行目的地附近停车预订比例较高时，如图13-7所示，分别在70min、75min开始调节，启动系统调节时间延迟，此时，由于Park1、Park2、Park3占有率较高且接近饱和状态，系统调节比较难达到各停车场的均衡利用状态。当出行前预订比例较高时，即图13-5显示的初始预订情景，在均衡停车场资源方面优于预订情景1、预订情况2，效果更好。因此，在整个出行过程中，进行停车预订的阶段越早，系统启动调节的时间越早，也越容易使停车资源趋于均衡利用。

2. 不同停车预订比例下的模拟结果评价

由表13-5可得，在总停车预订比例不变的情况下，出行者选择或预订的停车场对

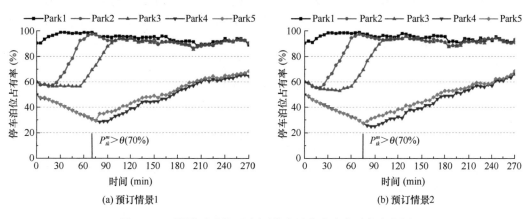

图 13-7　不同停车预订比例下停车泊位占有率动态变化图

其心理阈值满足比例均较高。在初始设置中，即出行前停车预订比例较高时，满足心理阈值的比例略高，且人均步行距离最小，为287m/人，停车预订群体约为331m/人，非停车预订群体约为227m/人，均低于预订情景1、预订情况2下的人均步行距离。此外，初始设置情况下的管理者累计停车收入也较高。人均停车费用在不同的预订情景下的差别不大。

不同停车预订比例下的模拟结果 表 13-5

停车预订比例	与出行者相关的评价指标（总体/停车预订群体/非停车预订群体）					与管理者相关的评价指标
	全因素心理阈值同时满足比例（%）	首要关注因素心理阈值满足比例（%）	次要关注因素心理阈值满足比例（%）	人均停车后步行距离（m）	人均停车费（包括预订费）（元）	累计停车收入（元）
初始设置	92/92/91	91/92/87	89/90/88	287/331/227	24/23/24	28499
预订情景1	90/92/87	90/93/87	88/90/88	296/342/235	24/23/24	27880
预订情景2	89/92/85	89/93/85	88/90/86	292/340/231	24/23/24	27513

总体上看，在不同的停车预订比例下，方案5都能够起到根据停车需求均衡停车资源利用的效果，且使得停车选择对出行者心理阈值满足比例较高，出行前进行停车预订相比出行中和目的地附近预订，系统调节启动时间早，停车场资源均衡效果更好，人均停车后步行距离较低，累计停车收入也更高。因此，在出行前即为出行者提供充足的停车场信息，促进停车预订，可以有效减少停车寻泊问题，促进停车场均衡利用。

13.4.3 不同停车调节启动阈值下的模拟结果分析

为分析停车推荐服务下不同停车调节启动阈值的运行效果，基于初始的调节启动阈值70%，设置两个变化的停车泊位占有率调节启动阈值，分别为50%、90%。

1. 不同停车调节启动阈值下停车泊位占有率的动态变化

不同停车调节启动阈值下停车泊位占有率的动态变化图如图13-8所示，与初始设置下停车调节启动阈值为70%的图13-5相比，停车调节启动阈值为50%时，如图13-8(a)所示，由于初始停车场泊位占有率较高，所以开始启动系统调节，进行均衡停车场资源利用，大约从210min开始，各停车场利用率基本均衡。而当停车调节启动阈值为90%时，如图13-8(b)所示，与初始设置的70%相比，启动系统调节的时间较晚，是在90min左右开始调节，由于停车调节启动阈值设置较高，会出现部分停车场接近饱和情况，同时存在频繁启动系统调节的现象。当停车泊位占有率中位数再次低于90%时，将以出行者利益最大进行调节，使得离目的地近的停车泊位占有率上升，但是，很难使得停车场资源利用达到总体上的均衡状态。

2. 不同停车调节启动阈值下的模拟结果评价

由表13-6可知，当停车调节启动阈值从50%变化到90%时，出行者选择和预订的停车场对全因素心理阈值同时满足比例、首要关注因素心理阈值满足比例和次要关注因素心理阈值满足比例，以及人均停车后步行距离均有所下降，累计停车收入升高。同时，在不同的停车调节阈值下，停车预订群体的心理阈值满足比例高于非停车预订群体，但停车预

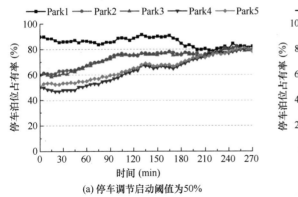
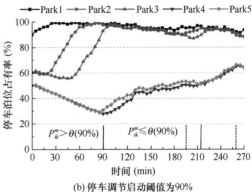

(a) 停车调节启动阈值为50%　　　　　　(b) 停车调节启动阈值为90%

图 13-8　不同停车调节启动阈值下停车泊位占有率动态变化图

订群体的平均步行距离相对较长。

不同停车调节启动阈值下的模拟结果　　　　　　　　　表 13-6

停车调节启动阈值	与出行者相关的评价指标 （总体/停车预订群体/非停车预订群体）					与管理者相关的评价指标
	全因素心理阈值同时满足比例 （%）	首要关注因素心理阈值满足比例 （%）	次要关注因素心理阈值满足比例 （%）	人均停车后步行距离 （m）	人均停车费（包括预订费） （元）	累计停车收入 （元）
初始设置70%	92/92/91	91/92/87	89/90/88	287/331/227	24/23/24	28499
50%	97/98/96	92/95/89	91/92/89	297/362/208	24/22/25	28239
90%	85/88/81	88/91/84	87/89/84	276/307/235	24/24/24	28679

　　总体上看，当停车调节启动阈值较高时，启动系统均衡调节时间会延迟，很难达到停车场利用的均衡利用状态。当停车调节启动阈值为70%时，出行者的停车选择对心理阈值的满足比例和累计停车收入均较高，停车后的平均步行距离也相对较短。因此，从提升出行者出行体验和均衡停车设施利用角度综合考虑，停车调节启动阈值不宜设置得过高或者过低。

13.5　动态停车推荐策略应用建议

　　为保障智能停车推荐系统的实施效果，需要从技术、方法、应用系统等多个层面进行综合考虑，从而提升停车效率并有效缓解停车问题。

　　1. 停车数据采集和处理技术

　　为实现精准的停车推荐，应广泛采集多源数据，包括停车场名称、位置、车位数量、车位类型（如普通车位、残疾人专用车位、充电桩车位等）、收费标准（分时段、分车型收费等）、开放时间、实时利用情况信息等。利用机器学习和深度学习等算法的强大数据处理能力，对大量的历史数据进行深入挖掘，分析出行者的停车习惯和偏好，实现更精准的个性化推荐，同时也可以准确预测停车场的车位使用趋势和未来需求，大幅提高推荐的准确性和前瞻性。

2. 停车推荐方法优化

停车推荐方法要考虑多种因素的影响，如停车后步行距离、停车收费价格、泊位利用情况、停车时长、道路交通运行情况、是否提供充电设施、停车场的安全性和便捷性等。采用同时兼顾出行者和管理者利益的动态停车推荐方案，可以在停车泊位占有率总体较小的阶段，以出行者效用最大进行停车推荐，当停车泊位占有率较高时，启动按照停车资源利用均衡为目标的停车调节，可以使得停车场资源利用均衡。

3. 停车推荐应用系统

在停车推荐系统应用方面，应为出行者提供一站式的停车服务体验。停车推荐 APP 应具备以下基本功能，一是实时车位查询功能，让出行者可以随时了解目的地周边停车场的泊位剩余情况，呈现的停车场数量和信息要适宜；二是提供精准的停车推荐和预订服务，根据出行者的位置、目的地和个性化需求，推荐最合适的停车场，尤其是在出行前提供停车信息，可以促进其在出行前进行停车预订，有利于减少停车寻泊，优化停车资源利用；三是集成导航指引功能，为出行者提供从当前位置到停车场的最优路线规划。此外，还可以为出行者提供提醒功能，在出行者到达目的地附近时，提示其周边停车场的信息。

13.6 小结

本章考虑出行者对停车因素的心理阈值和关注度，提出了停车推荐的流程，建立了停车推荐模型及个体停车决策过程模型。以购物休闲出行情景为例，进行了目的地附近停车场信息的初始设置，基于模拟的方法对不同停车推荐方案的运行效果进行了分析，得到方案 5（根据停车场利用情况与占有率调节阈值的关系进行动态推荐）能够兼顾出行者和管理者的利益，使得各停车场资源利用均衡，从而减少停车寻泊现象。基于方案 5，对不同初始停车场利用情况、停车预订比例、停车调节启动阈值下的运行效果进行了模拟分析，给出了停车推荐的建议。